PAPER CLAY CRAFT

굽지않는 도자기

지점토 공예

편집부 엮음

🔷 전원문화사

지점토 공예 차례

❖ 컬 러

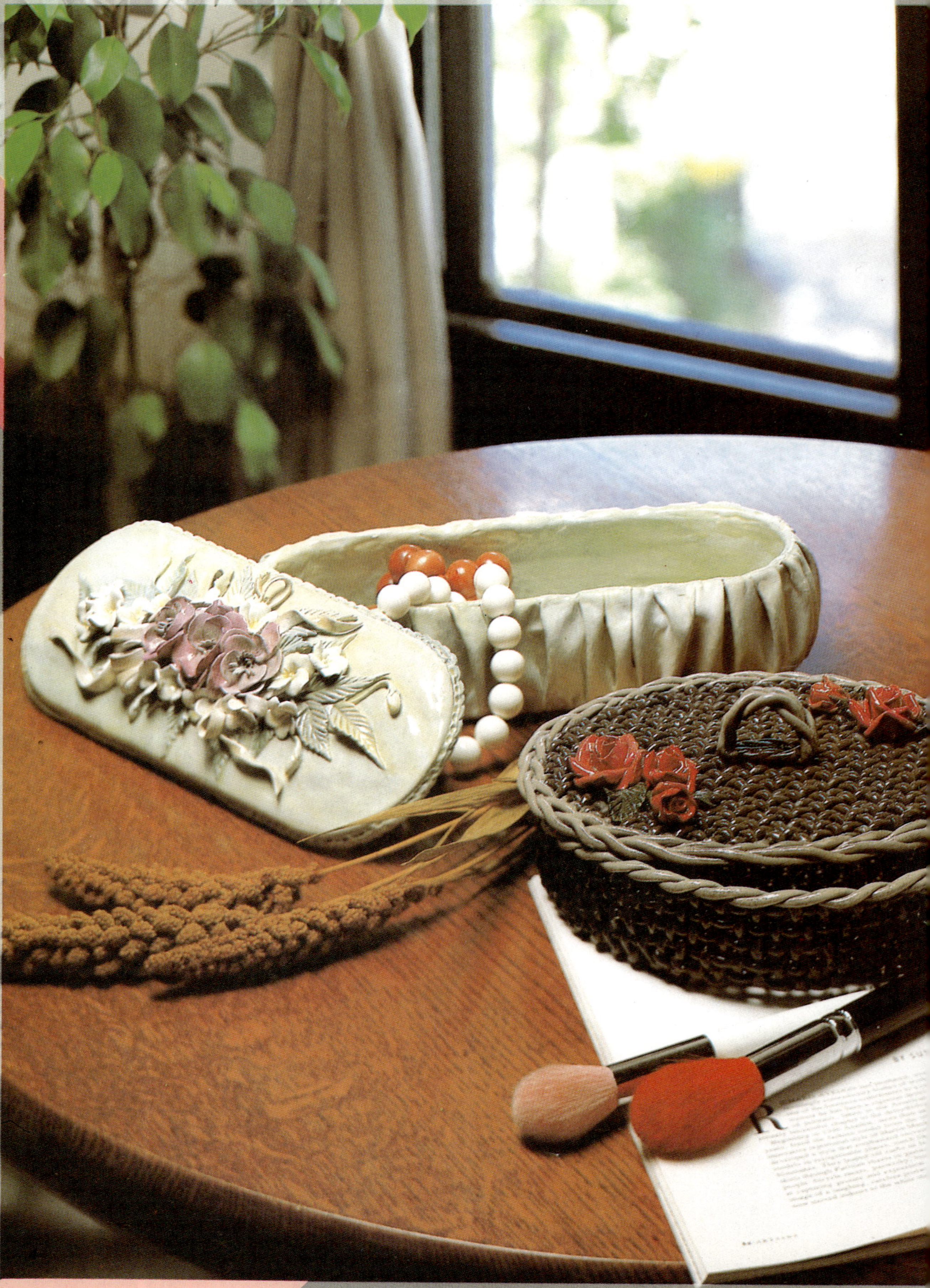

빈 과자 상자나 쓸모없는 그릇을 이용하여 점토로 예쁘게 장식하여 새롭게 꾸민 소품들.

멋있는 파티에…

A

B

C

E

6

WHITE BASKET

지점토는 만들기에 따라 장식품에서 소가구에 이르기까지 얼마든지 개성있는 색채를 표현할 수 있다. 하얀 바구니가 깨끗함을 더해 주기도.

G

D

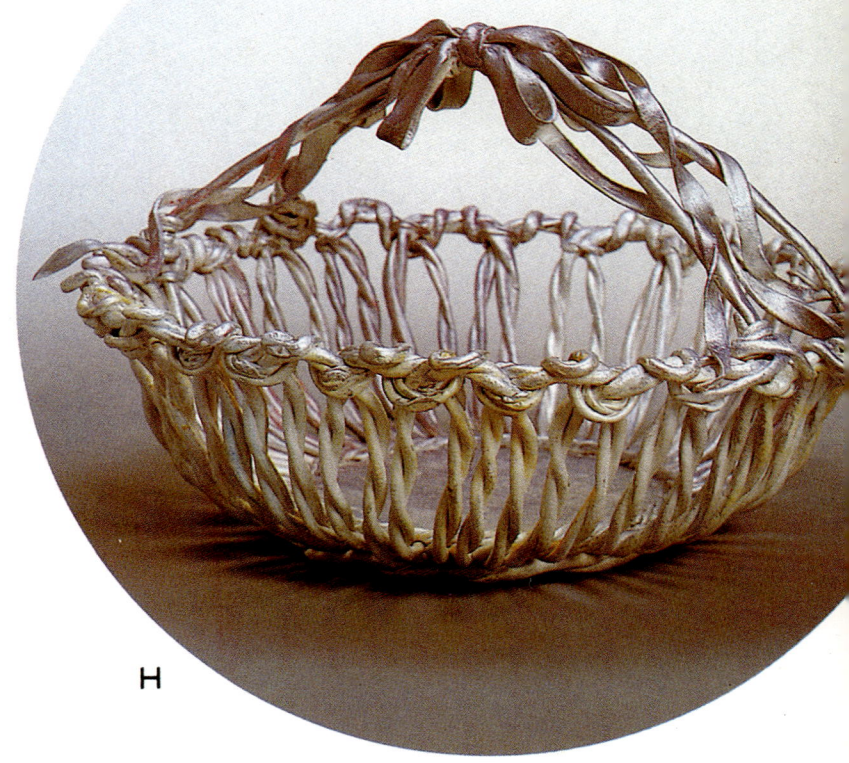

H

F

A. 육각형 바구니 / 만드는 방법 133p
B. 프릴이 있는 그릇 / 만드는 방법 62p
C. 레이스 쟁반 / 만드는 방법 133p
D. 사슬엮기 바구니 / 만드는 방법 65p
E. 과일 바구니 / 만드는 방법 134p
F. 미니 장미의 하얀 바구니 / 만드는 방법 134p
G. 작은 소품 바구니 / 참고 작품
H. 우아한 사슬 바구니 / 만드는 방법 134p

7

귀엽게 엮어 만든 바구니는 쓰임새도 다양하
고, 부엌의 한 모퉁이를 장식하기도 한다. **부엌의 바구니**

A

B

C

10 **D**

COLOR BASKET

여러 가지 형태로 표현한 지점토 바구니에
다양한 색과 무늬로 포인트를 주어 생활용품
으로 사용한다.

F

G

E

A. 빨간 바구니 / 만드는 방법 73p
B. 감색 그릇 / 만드는 방법 135p
C. 손잡이가 있는 바구니 / 만드는 방법 135p
D. 뚜껑이 있는 그릇 / 만드는 방법 77p
E. 반짇고리 / 참고 작품
F. 엮어서 만든 손바구니 / 만드는 방법 80p
G. 사각형 바구니 / 만드는 방법 83p

얼키설키 꼬아 만든 시원한 바구니가 여성의 섬세함을 나타내고 식탁을 한층 빛나게 한다.

테이블을 빛나게…

냅킨 고리와 소품 그릇
만드는 방법 136p

스탠드와 소품 그릇
만드는 방법 137p

14

미니 장미 꽃바구니
만드는 방법 137p

미니 마가레트
참고 작품

미니 튜립
참고 작품

과일 릴리프
참고 작품

장미 장식의 벽걸이
만드는 방법 95p

꽃 릴리프
만드는 방법 98p

15

은은하고 엷은 보라빛 파스텔톤이 아침 햇살에 더욱 아름답게 보인다. 하루를 상쾌한 기분으로 시작하게 하는 색감이다.

엷은 보라빛 테이블

쟁반 • 만드는 방법 137p

와인 바구니 • 만드는 방법 137p

와인 바구니와 쟁반

색감에 대한 가볍게도 무겁게도 느껴지는 지점토의 묘미. 짙은 자주빛이 바구니를 우아하게 돋보이게 하는 작품이다.

액세서리 퍼레이드

A, B, C, D, E, F, G / 실물크기본 121p~122p
H / 만드는 방법 106p

A

B

C

D

F

H

E

G

21

Christmas Collection

B

미니 화환 **A·B**
만드는 방법 110p

테이블과 의자 세트
만드는 방법 138p

크리스마스 모빌
만드는 방법 108p

귀여운 선물
만드는 방법 108p

양초 스탠드 **A**
22 만드는 방법 110p

A

양초 스탠드 B
만드는 방법 110p

크리스마스 트리의 벽걸이
만드는 방법 109p

귀여운 신발
참고 작품

황금 잎사귀
만드는 방법 109p

23

휴지 케이스

꽃으로 장식한 휴지 케이스! 직접 점토를 반죽하여 만든 것이라면 한장 한장 쓸 때마다 남다른 재미와 만족감을 느낄 것이다.

24

쏟아지는 햇살 - Ⅰ

DECO CLAY CRAFT

27

거실의 한 코너나 실내를 자신이 직접 만든 작품으로
개성있게 꾸며 보자.
지점토는 제작하기에 따라 여러 가지 쓸모있는 소품
에서 장식품까지 폭 넓게 활용할 수 있으며, 자신의
기호에 맞게 개성있는 작품을 연출할 수 있다.
자주 사용하는 소품들을 직접 만들어 센스를 발휘해
보자.   레이스 바구니 / 만드는 방법 139p

액세서리의 시정

귀여운 액세서리로 젊고 발랄한 분위기를 연출해 보자. 꽉 짜여진 일상생활 속에서 때로는 과감하게 원색 계통의 화려한 액세서리로 활기를 불어 넣어 주기도 하고, 심플하고 독특한 분위기를 표현해 보자.

DECO CLAY CRAFT

PLAY
PATENTED
AUG. 4. 190

STOP

꿈이 있는 동화의 세계를 지점토로 만
들어 보았다. 귀엽고 깜찍한 작품이 충
분히 아이들에게 꿈과 사랑을 심어 줄
수 있으리라 생각한다.

동화 속의 아이들

사진 왼쪽 / 동화의 세계 **B** • 만드는 방법 139p
사진 오른쪽 / 손잡이가 있는 물병 • 만드는 방법 139p

환상의 파스텔톤

만들어진 지점토 작품에 파스텔 계통의 부드러운 색으로 처리하여 색다른 분위기를 연출한다.

MIDGET HOUSE
THE COUNTRY PIECES

왼쪽 / 꽃수레 화분 받침 • 만드는 방법 140p
오른쪽 / 장미 바구니 • 만드는 방법 140p

35

꽃바구니 벽걸이 • 만드는 방법　127p

부케 벽걸이
• 만드는 방법　140p

리본을 묶은 바구니
• 만드는 방법　141p

유선형 바구니 • 만드는 방법　140p

주름 장식의 벽걸이 • 만드는 방법 141p

정다운 시

다양한 색채와 디자인으로 여러 가지의
꽃을 만들어 벽장식으로 이용해 보자.
밋밋한 벽에 새로운 표정이 엮어진다.

꽃이 있는 도구

꽃이 있는 그릇이나 반짇고리는 화사함
과 부드러움이 있다. 지점토로 꽃을 만
들어 아름다운 실내를 만들자.

사진 왼쪽 / 바늘 꽂이 • 만드는 방법 129p
반짇고리 • 만드는 방법 141p
사진 오른쪽 / 사각 접시 • 만드는 방법 141p

못쓰는 상자를 이용하여 거칠게 만든 우산꽂이나 얼키설키 엮어 만든 바구니 등, 하나씩 만들어 가며 개성있는 인테리어를 꾸며 보자.

오른쪽 / 매어달기 바구니 / 참고 작품
우산꽂이 / 만드는 방법 142

서구풍 인테리어

만들기에 따라 거칠게도 곱게도 빚어지는 지점토… 지점토로 만들 수 있는 것은 정말 다양하다.

손잡이가 있는 둥근 바구니 / 참고 작품

휴지 케이스 / 참고 작품

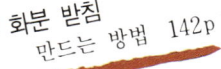

화분 받침
만드는 방법 142p

장미 장식의 하얀 화분 받침
만드는 방법 142p

42

편지 꽂이
만드는 방법 131p

잡지 꽂이
만드는 방법 142p

작은 응접실

사진 왼쪽 / 미니 응접 세트 • 참고 작품
사진 오른쪽 위 / 작은 꽃바구니 • 참고 작품
사진 오른쪽 아래 / 슬리퍼 꽂이   47

등공예 바구니

참고 작품

점토 작품 만드는 방법

점토 공예는 새로 개발된 점토의 특성을 살려 아름답고 유용한 작품을 굽지 않고도 도자기와 같은 느낌을 주도록 만들 수 있는 것이 특징이다.

현재 우리 생활 속에서 쉽게 접할 수 있을 만큼 다양한 방법으로 응용되고 있으며, 완성된 작품들은 우리에게 만드는 기쁨과 실용성을 고루 만족시켜 준다.

자기의 개성과 취미에 맞게 꾸며 집안 분위기를 아기자기하게 만들어 보자.

재료와 도구

점토 흙에 펄프와 몇가지 화학 성분을 섞어 만든 것으로 잘 늘어나고 손에 달라붙지 않아서 원하는 모양을 마음대로 만들 수 있다.

밀대 점토를 넓게 펴는데 사용하는 것으로 둥근 방망이를 사용한다.

점토판 점토를 반죽하거나 늘리는데 필요한 것으로 표면이 매끄럽고 넓은 것이 좋다.

점토칼·송곳·주걱 점토 작업에 꼭 필요한 도구로 모든 과정에 두루 사용된다. 점토를 자르거나 머리카락을 표현할 때 쓰인다. 송곳 대신 이쑤시개를 사용하기도 한다.

가위 점토를 자를 때 쓰인다.

잎맥틀 장미, 포도, 수국 등의 꽃잎이나 나뭇잎을 표현할 때 쓰인다.

비닐 흔히 랩을 이용하며 작품의 형태를 만들 때 틀에 점토가 붙지 않게 하고 쉽게 빼낼 수 있게 한다.

물감 수채화 물감을 주로 사용하고 아크릴 물감이나 펄 물감 등을 쓰기도 한다.

붓 물감용과 락카용 2가지를 준비한다.

락카 착색 후 건조한 다음 광택을 낼 때 쓴다.

신나 락카를 칠한 다음 붓을 씻는다.

목공용 접착제 건조한 점토를 붙일 때 사용한다.

수건 착색 후 작품을 닦을 때 사용한다.

이 외에 집안의 소도구를 마음껏 활용하여 쓴다.

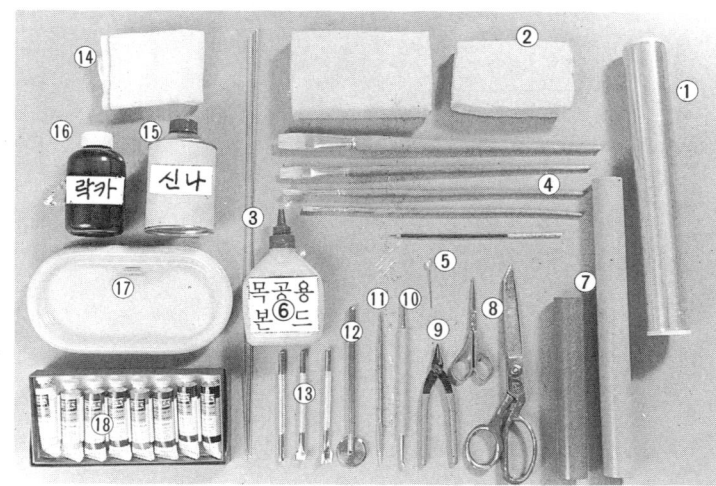

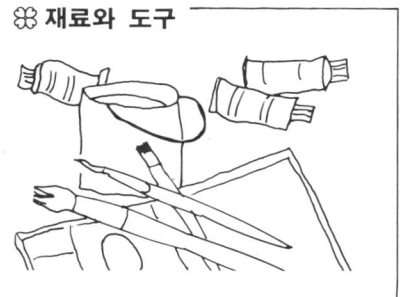

❀ 재료와 도구

①비닐(랩) ②지점토 ③철사 ④붓
⑤바늘 ⑥목공용 본드 ⑦밀대 ⑧가위
⑨펜치 ⑩모들러 ⑪세공봉 ⑫점토칼
⑬무늬찍기 ⑭수건 ⑮신나 ⑯락카
⑰팔레트 ⑱그림물감

지점토에 대하여

❈지점토의 성질

○ 천과 같이 얇게 펼 수 있다.
○ 가늘고 긴 끈 모양으로 엮을 수가 있다.
○ 달라붙지 않아 작업하기가 편리하다.
○ 섬세한 작품을 만들 수가 있다.
○ 자연 건조와 드라이어와 오븐에 건조시킨다.
○ 일반 점토보다 수축률이 적다.
○ 금이 가거나 잘 부서지지 않는다.

❈지점토의 보관

○ 건조되기 쉬우므로 비닐로 싸서 공기와의 접촉을 피한다(굳어지면 다시 쓸 수 없다).
○ 점토를 사용할 때는 멜라민을 입힌 판자 위에서 다룬다.
○ 단단하게 굳어 못쓰게 된 점토는 물에 담가 걸쭉하게 개어 넓은 면적을 처리할 때에 쓰면 효과적이다.

❈지점토 다루기

지점토 반죽하기   점토를 부드럽고 유연하게 잘 반죽하는 것은 훌륭한 작품을 만들기 위한 포인트가 된다. 잘 개어진 점토는 아주 얇게 펴고, 금이 가거나 하지 않고 탄력이 생긴다. 필요한 분량만큼 떼내어 손에 물을 조금씩 묻혀가며 부드럽게 반죽한다.

끈 만들기   적당량의 점토를 떼내어 테이블 위에 놓고 양손으로 굴려서 늘린다. 늘리면서 적당하게 굵기를 조절해 나간다(사진 1~4).

아주 가늘게 만들 경우, 불필요하게 많은 양의 점토를 떼내면 건조되기 쉽고 땅콩알 크기의 점토로도 30cm 정도 늘어난다.

너무 길게 만들어도 취급하기가 어려우므로 짧은 것을 표시가 나지 않게 이어 쓰는 것도 좋다.
많은 끈이 필요할 경우 비닐이나 젖은 수건 등으로 건조를 막아야 한다.

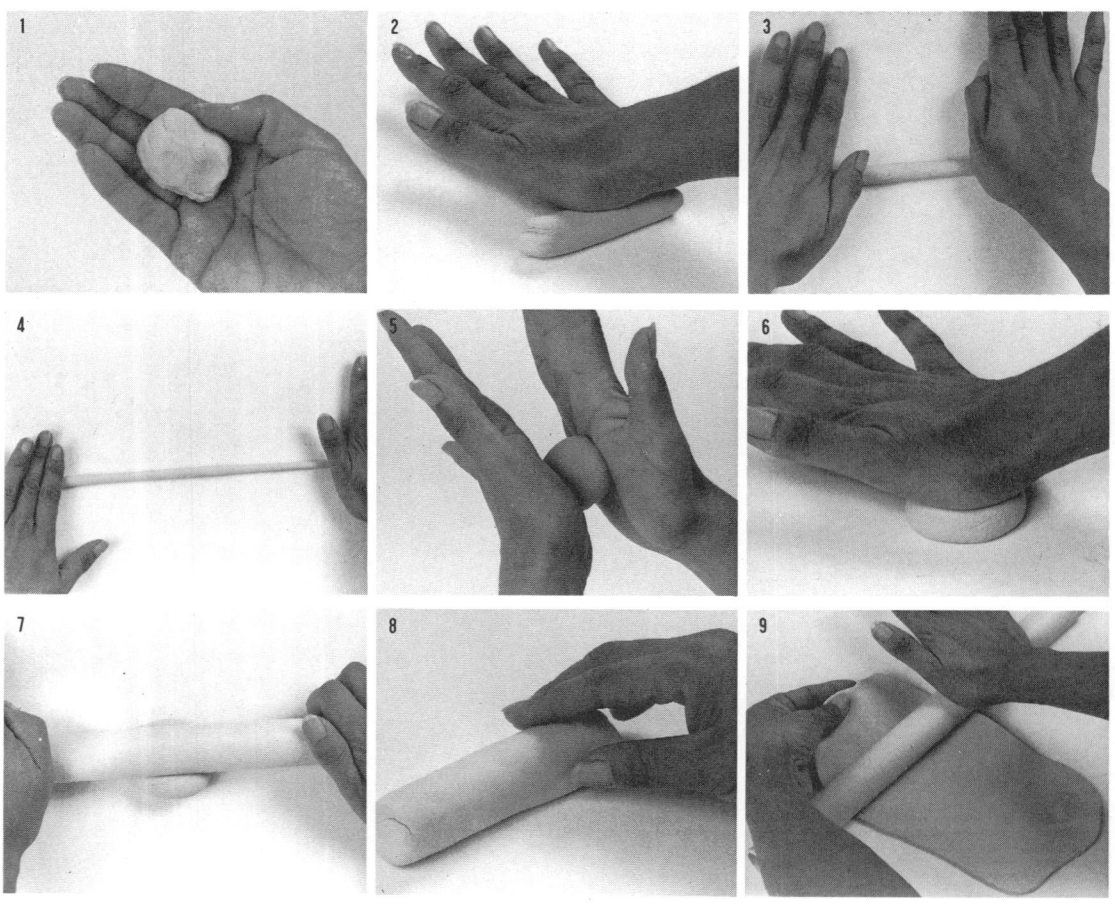

지점토 펴기　적당량의 점토를 떼내어 손으로 주물러 원형은 둥글게, 사각형은 원추형으로 리본이나 레이스는 끈처럼 길게 늘려 밀대로 민다(사진 5~11).

점토를 넓게 펴는 것은 꽤 힘들고 끈기가 필요하지만 점토 제작의 중요한 기술이므로 빨리 요령을 터득하도록 해야 한다. 점토를 깨끗하고 곱게 펴려면 표면이 매끄러운 작업대를 이용하거나 점토를 커다란 비닐 사이에 끼워 미는 방법도 있다.

바구니 만들기의 기본

1. 만들고 싶은 형의 틀(그릇)을 정한다　바구니의 토대가 될 틀을 정하되 제작 후 빼낼 수 있는 것을 고른다.

2. 정해진 틀(그릇)에 비닐(랩)을 씌운다　비닐을 씌우지 않으면 점토가 달라붙어 떼내기 어려워진다.

3. 본체를 만든다　점토를 끈이나 천과 같이 펴서 틀에 대고 본체를 만든다.

4. 본체를 건조시킨다　굵기와 두께에 따라 다르지만 대개 이틀 정도면 자연건조 된다. 일주일 이상 걸리는 큰 작품도 있다.

5. 본체를 틀에서 떼어낸다.

6. 테두리와 손잡이를 붙인다　건조된 경우 접착제를 사용한다. 손잡이를 만들 때 철사를 넣거나 끼워서 보강하기도 한다.

7. 장식 만들기　리본·레이스·꽃·과일 등의 장식을 붙이면 섬세함과 우아함으로 점토 공예의 진미를 볼 수 있다.

8. 건조시키기　작품의 형태가 변하지 않도록 주의하여 건조시킨다.

9. 채색하기　물감배합, 채색기법을 적절히 응용하여 개성적인 색으로 표현한다.

채색은 제작 과정 중 가장 중요한 단계이므로 그림을 그릴 때에는 꼼꼼하게 정성껏 칠하도록 한다.

10. 락카 칠하기　엷게 2~3번 칠해서 자연스런 광택을 낸다. 광택 락카와 무광택 락카가 있으므로 작품에 따라 선택한다.

11. 보존 및 손질하기　부분적으로 깨지거나 장식이 떨어진 경우에는 강력 접착제로 수리한다. 깨진 부분은 약간의 점토로 메워주는 방법도 있다. 쓰다가 때가 묻으면 젖은 헝겊으로 살며시 닦는다.

이럴 때는 어떻게

Q. 작품을 만드는 도중에 일이 생겨 중단해야 할 경우는?

A. 만들던 작품에 스프레이를 하고 랩을 씌워 건조를 막도록 한다. 사용중이던 점토는 꼭 짠 수건으로 덮어두거나 비닐 봉지에 넣어 보관한다.

Q. 색칠을 하다가 맘에 안 들어 다시 칠하고 싶을 경우는?

A. 잘못 칠한 부분을 점토 주걱이나 사포로 깨끗이 긁어 내고 점토가루를 잘 닦아낸 후 다시 칠한다.

Q. 책의 사진처럼 멋있는 색을 칠하고 싶은데 잘 되지 않을 때는?

A. 단색 물감만 사용하지 말고, 몇 가지 물감을 적당히 섞어 원하는 색을 만들어 본다. 여러 번 반복하면 좋은 색이 나올 것이다. 책 그대로 하기 보다는 자기만의 개성있는 색을 사용해 보자.

Q. 그날로 완성하고 싶은데 빨리 건조시키는 방법은?

A. 오븐이나 토스터에 직접 올려 놓고 5분 가량 굽다가 잠시 쉬고, 다시 5분 굽는 식으로 반복하여 건조시킨다. 점토가 타면 부서지기 쉬우므로 충분한 주의가 필요하다. 전자렌지를 이용해도 좋다(약 1분). 비슷한 두께의 점토를 먼저 시험해본 다음 건조시키는 것이 좋다.

10
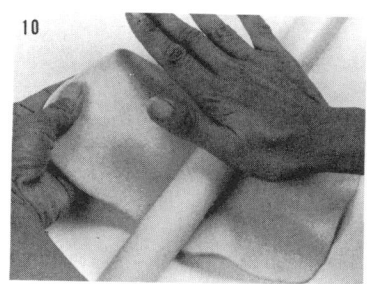

11
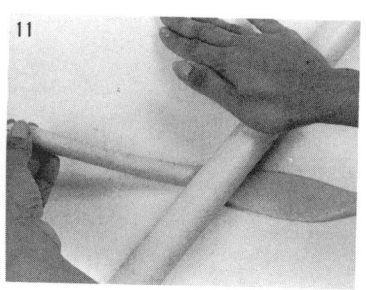

12
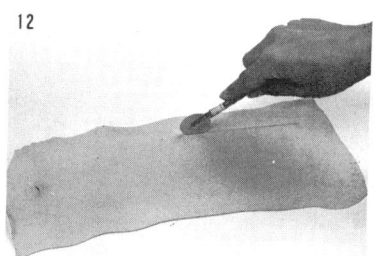

바닥짜기와 손잡이의
끈 만들기의 여러 가지

똑같은 형태의 바구니라도 짜는 기법에 따라 색다른 느낌을 준다. 테이프모양, 꽈배기모양 등 몇가지 형태를 적절히 섞어가며 다양한 무늬로 엮어보자. 무늬의 배합과 짜임의 간격에 따라 분위기가 달라지므로 각자의 취향과 개성

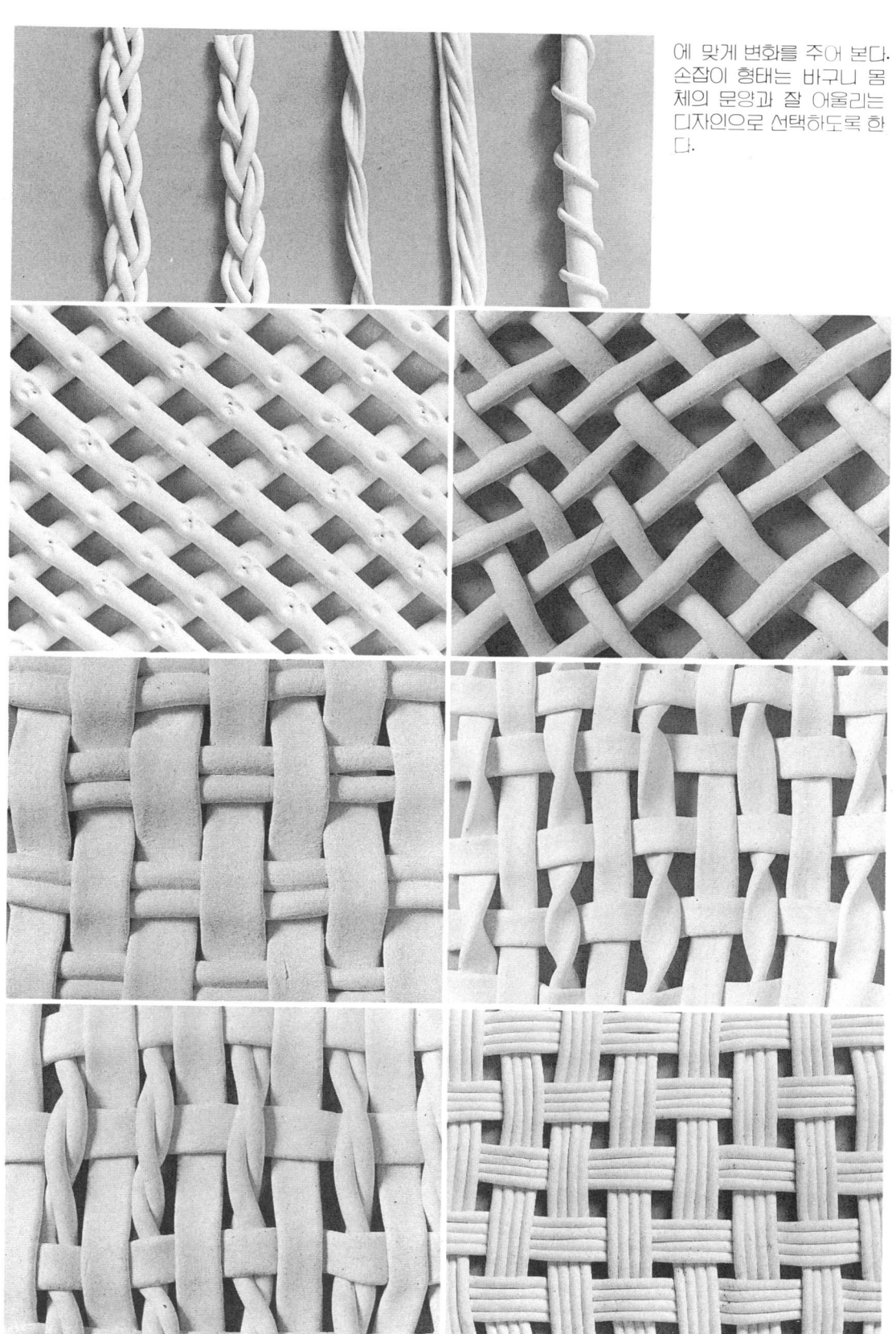

꽃이 있는 장식함

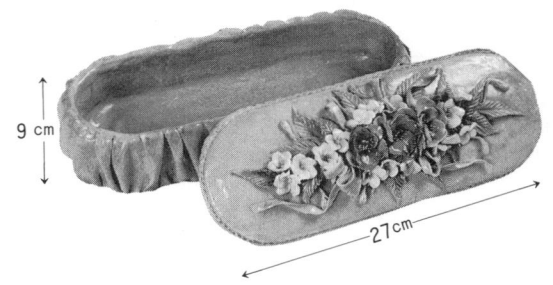

사진 4p

■ **재료** 점토 700g, 뚜껑이 있는 타원형의 빈 상자 (25cm×9cm×5cm), 밀대, 가위, 화장지.

■ **제작의 포인트** 틀로 쓸 빈 상자는 점토 속으로 묻혀 버리기 때문에 비닐은 씌우지 않는다. 점토를 얇게 밀어 펴 둔다(주름을 만들기 위해) 주름이 안쪽으로 가게 잇는다.

9 cm

27cm

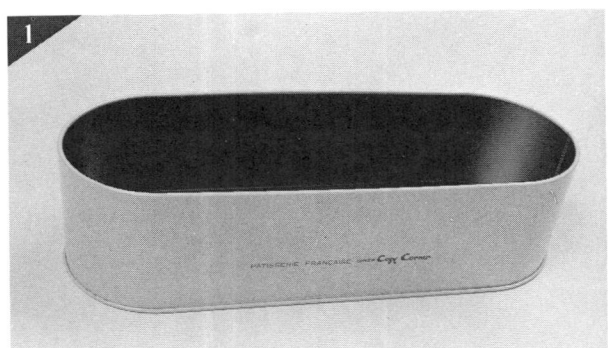

빈 상자는 깨끗이 닦아 둔다.

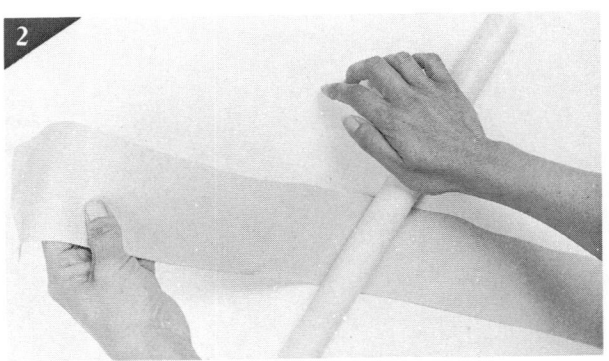

점토를 밀대로 폭 10cm, 두께 0.1cm로 얇게 편다.

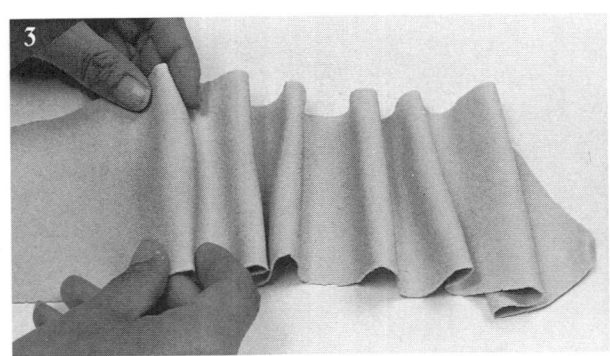

얇고 평행하게 일정한 주름을 만든다.

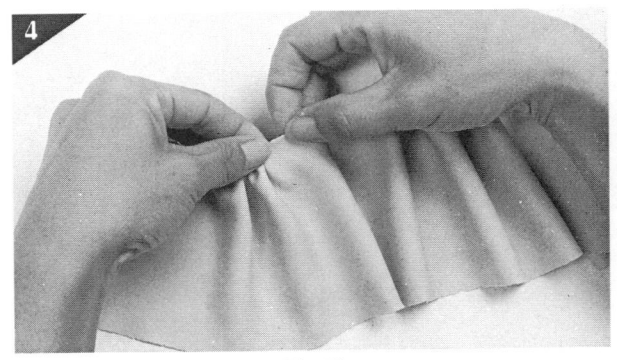

단의 가장자리에 잔주름을 잡는다.

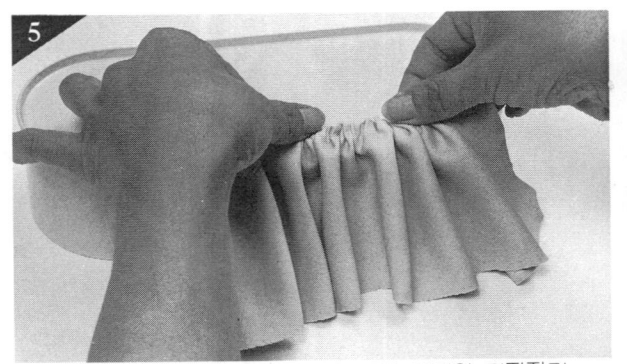

빈 상자를 엎어 놓고 잔주름 잡은 쪽을 바닥의 가장자리에 붙인다.

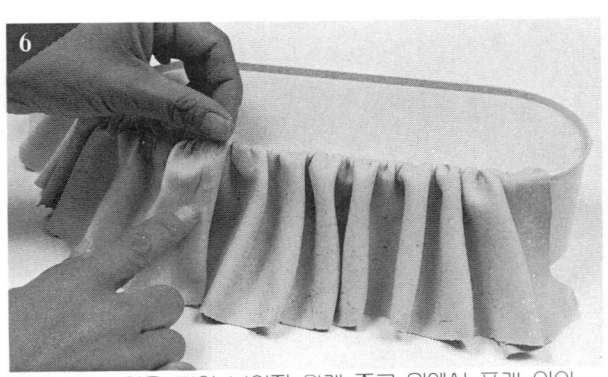

이을 때는 이은 것이 보이지 않게 주름 위에서 포개 이어 준다.

54

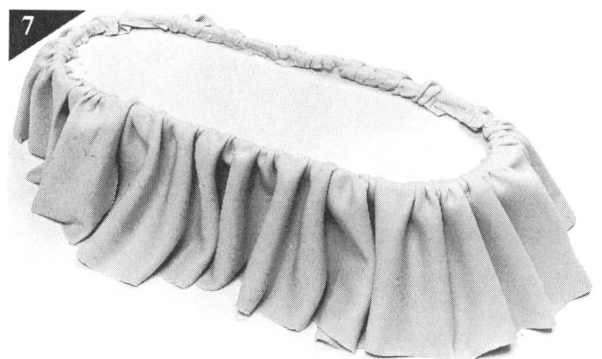

주름을 곱게 잡으며 한 바퀴 둘러서 옆면을 만든다.

바닥과 똑같은 모양으로 점토를 잘라 얹는다.

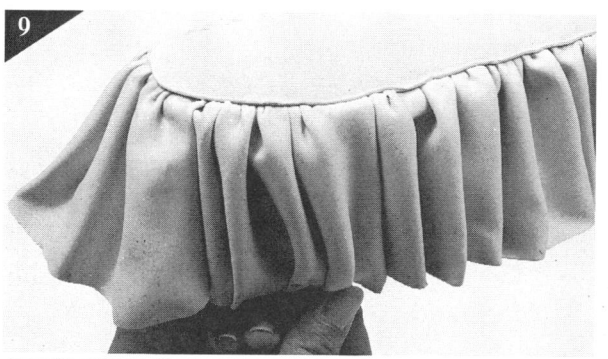

주름의 형태가 찌그러지지 않게 조심해서 안쪽으로 말아 넣는다.

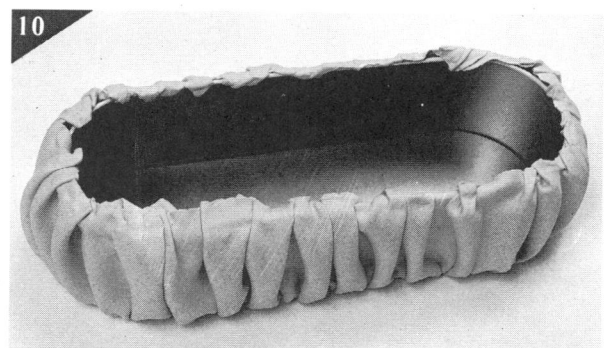

상자를 바로 놓고 가장자리에 밀착하도록 눌러 준다.

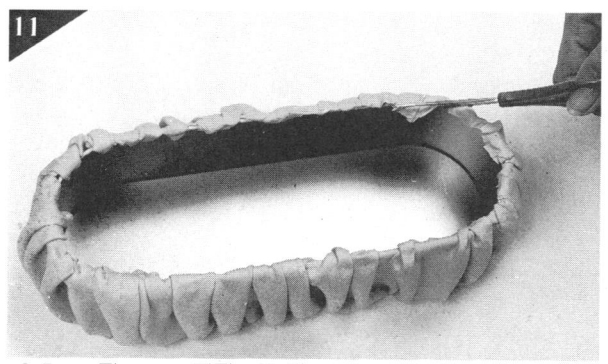

0.5cm 정도를 가장자리에 접어 붙이고 나머지는 가위로 잘라 낸다.

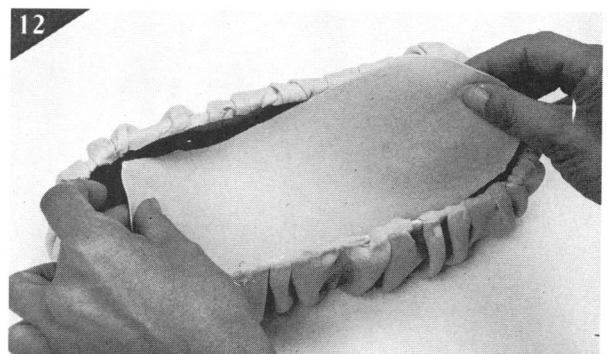

안쪽 바닥 모양대로 자른 점토를 깔고 눌러준다.

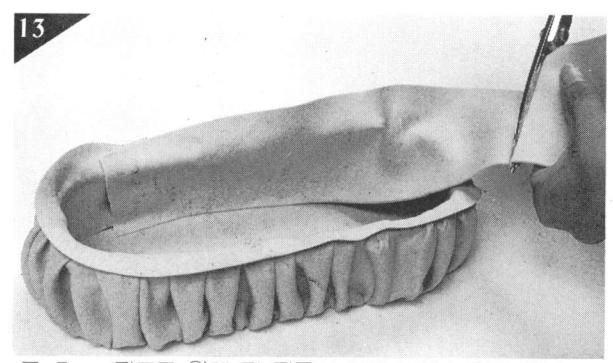

폭 7cm 정도로 얇게 편 점토를 안쪽 벽에 붙이고 잘 눌러 준다.

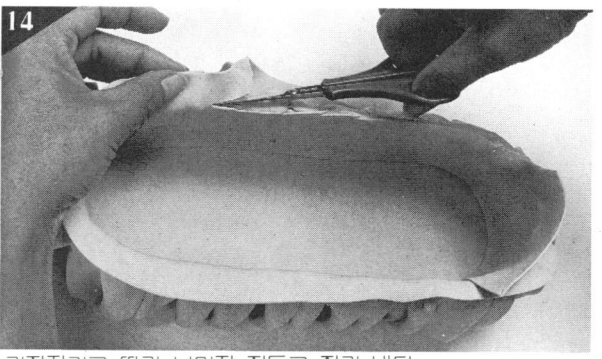

가장자리를 따라 나머지 점토를 잘라 낸다.

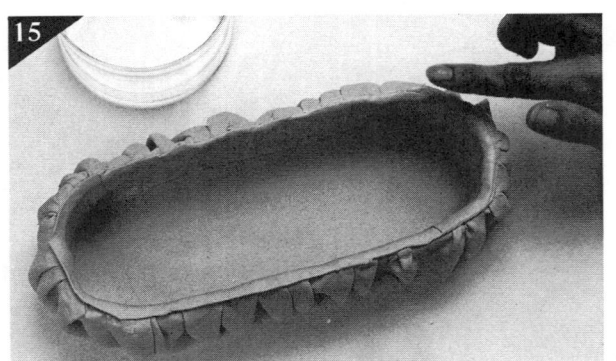

손가락에 물을 묻혀 자른 곳을 매끈하게 매만진다.

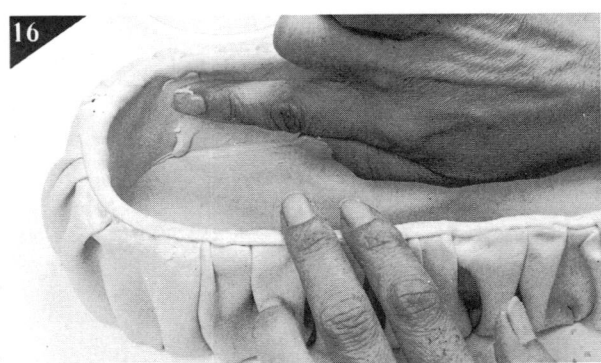

안쪽의 이음매도 흔적이 나타나지 않게 손가락으로 매만진다.

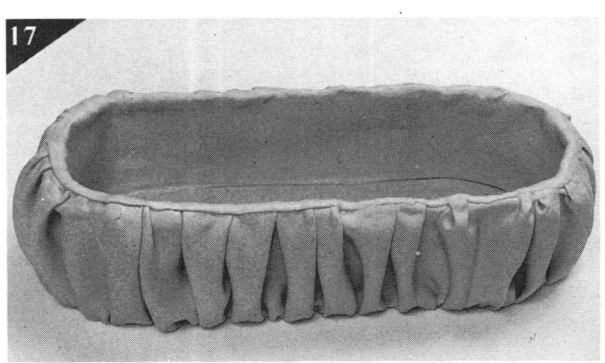

본체가 완성되면 잘 건조시켜 둔다.

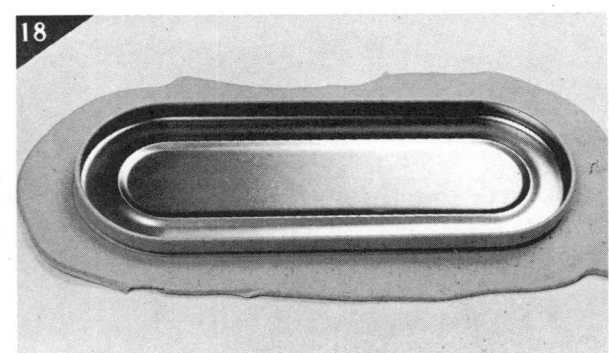

뚜껑도 점토 속으로 들어가게 된다. 얇게 편 점토 위에 뚜껑을 얹어서 자국을 낸다.

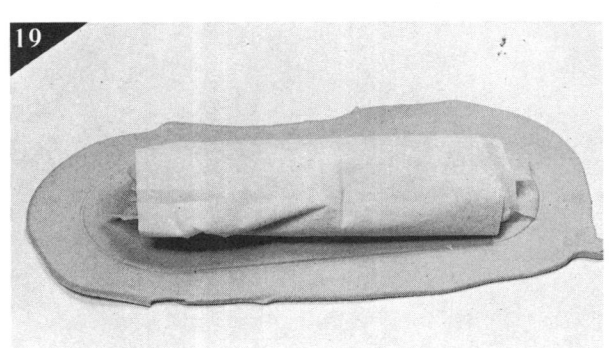

부풀게 하기 위해서 화장지 몇 장을 뭉쳐서 넣는다.

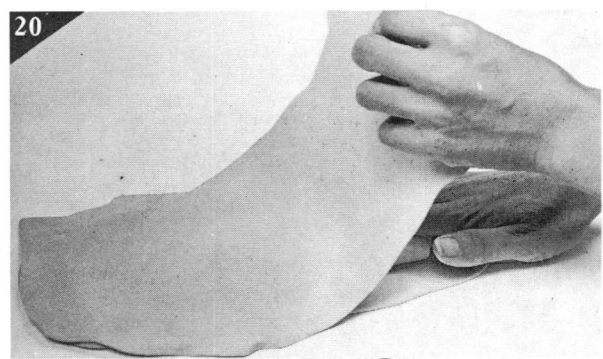

뒷면 점토 위에 놓고 모양이 좋게 씌운다.

뚜껑의 본대로 앞뒤장을 함께 가위로 자른다.

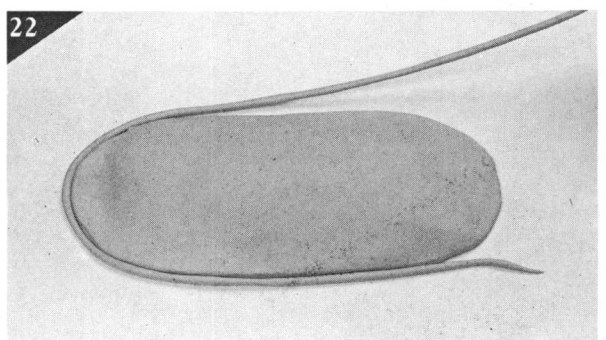

둘레에 지름 0.5cm의 끈을 붙인다.

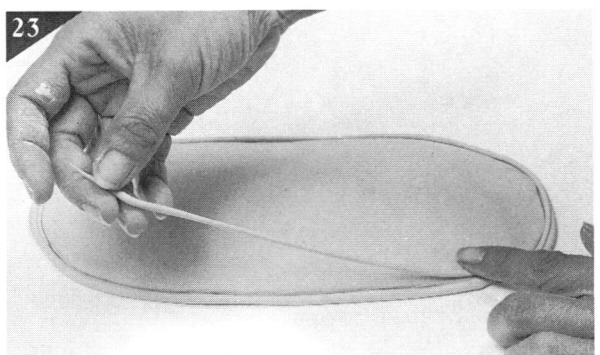

붙인 끈의 안쪽에 지름 0.2cm의 가는 끈을 얹는다.

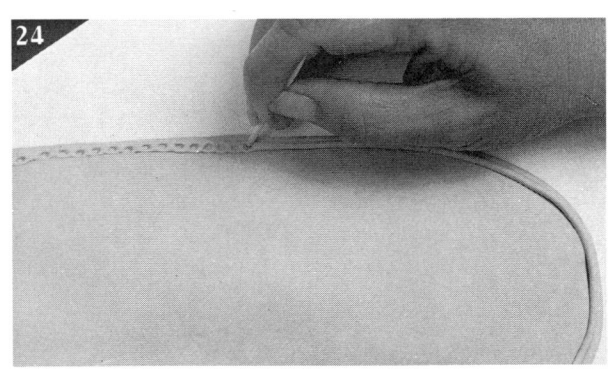

가는 끈 위를 이쑤시게 끝으로 눌러서 무늬를 넣는다.

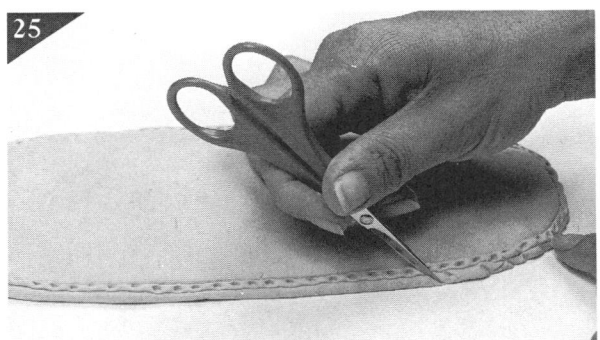

다시 가장자리의 끈을 가위 끝으로 비스듬히 눌러서 주름 처럼 만든다.

콩알 크기의 점토를 눌러서 만든 꽃잎 5장과 조금 더 큰 꽃잎 5장을 준비한다.

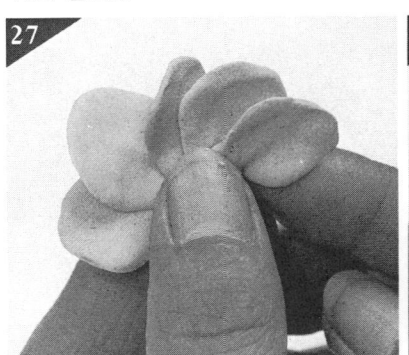

작은 꽃잎 5장을 부채꼴로 포갠다.

소용돌이 모양으로 돌려서 집는다.

큰 꽃잎 5장을 그 둘레에 돌아가며 붙인다.

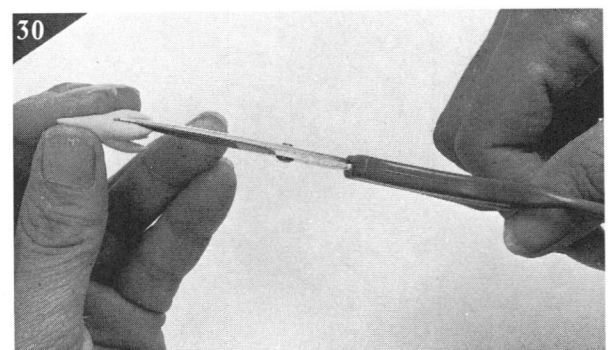

꽃술은 콩알 크기의 점토를 방울 모양으로 만들어서 끝을 4등분한다.

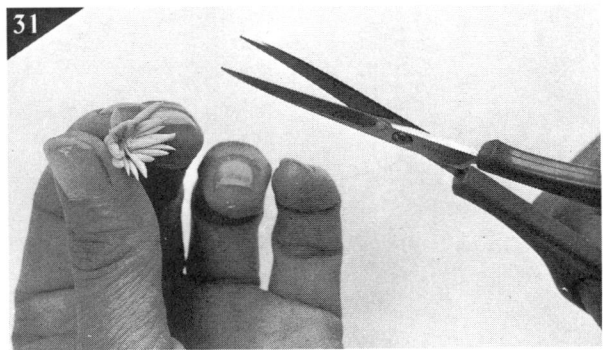

4등분한 것을 다시 잘게 나누어 자른다.

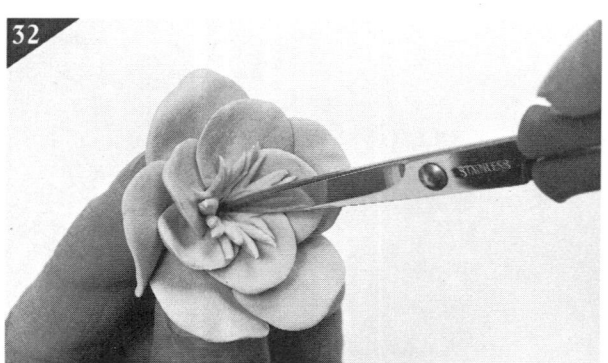
꽃잎의 중심에 꽃술을 꽂고 눌러 준다.

꽃잎 끝을 손으로 매만져서 꽃모양을 만든다.

작은 꽃, 봉오리, 잎, 리본은 104·105페이지를 참조한다.

건조시킨 뚜껑 위에 잎 끝이 밖을 향하게 배치한다.

잎 사이에 작은 꽃을 적당히 붙인다.

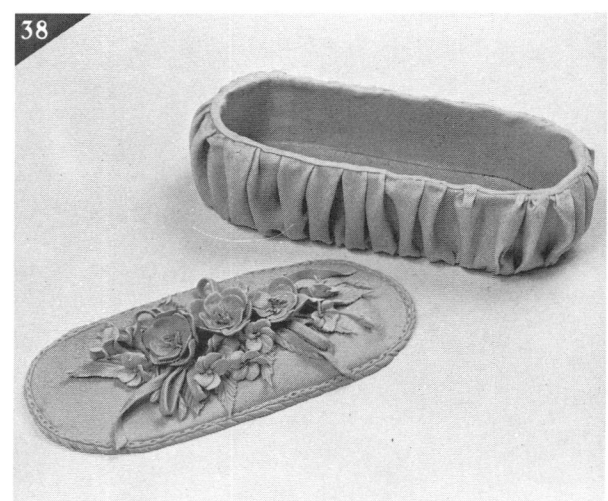
뚜껑을 본체에 덮지 않고 건조시킨다.

가운데에 큰 꽃을 붙이고, 꽃봉오리로 생동감을 준 다음, 몇개의 고리로 리본을 만들어 장식한다.

자주빛 작은 바구니

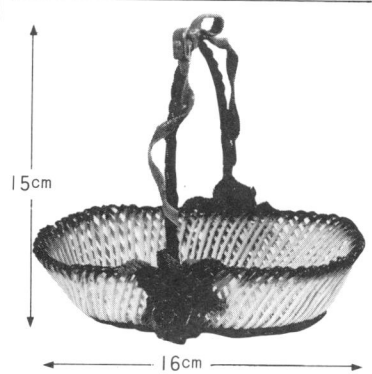

15cm

16cm

■ **재료** 점토 350g, 타원형 그릇(15cm×10cm×6cm), 가위, 철사(22번 정도), 비닐(랩).

■ **제작의 포인트** 아주 가는 끈을 만들어 그물 모양으로 짜서 만든 작은 그릇이다. 빨리 건조되므로 너무 마르지 않도록 주의하여 이 작품의 포인트가 되는 끈을 자연스럽게 흐르게 한다. 채색도 자주색으로 엷게 칠하여 깨끗하고 부드러운 느낌을 준다. (장미꽃 만들기 94페이지 참조)

1 틀을 비닐(랩)로 싼다.

2 점토를 얇게 펴고 바닥보다 한둘레 작게 잘라서 올려놓는다.

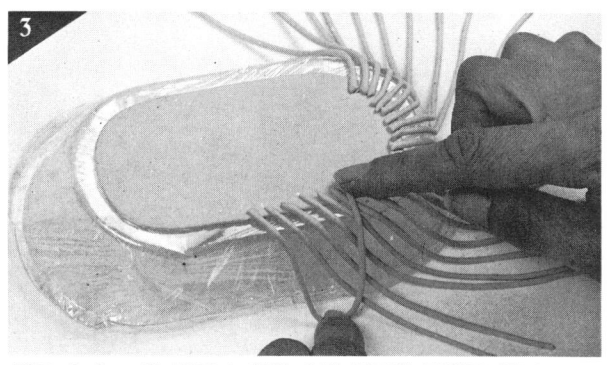

3 지름 0.2cm의 끈을 높이의 3배 정도의 길이로 준비, 0.8cm 간격으로 비스듬히 흐르게 놓아 간다.

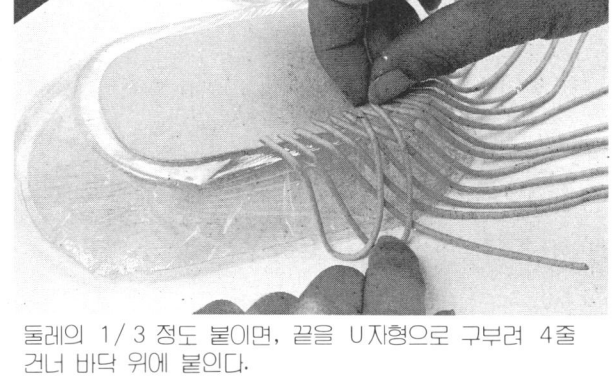

4 둘레의 1/3 정도 붙이면, 끝을 U자형으로 구부려 4줄 건너 바닥 위에 붙인다.

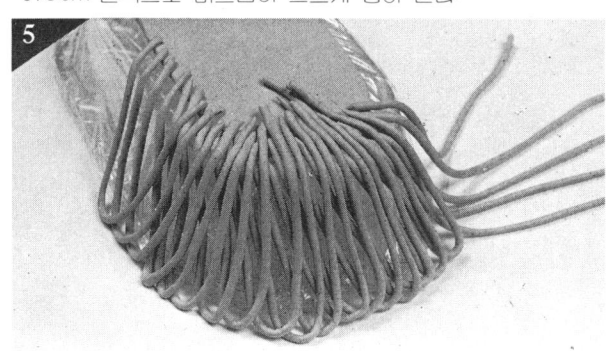

5 높이가 같게 가지런히 되도록 U자 형으로, 끈의 끝을 바닥에 놓는다.

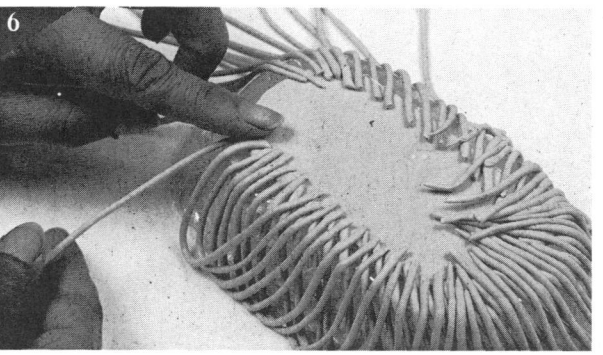

6 가는 끈이 건조하기 전에 작업을 빨리하도록 한다.

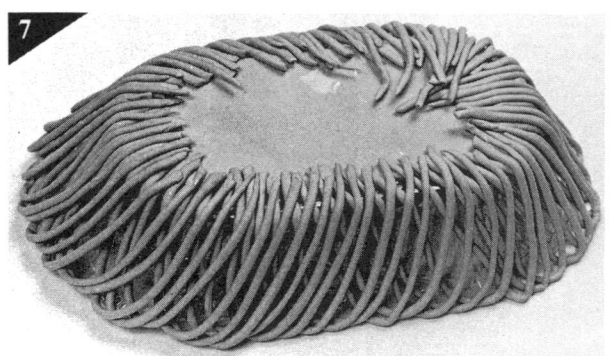

한 바퀴를 다 붙인 상태다.

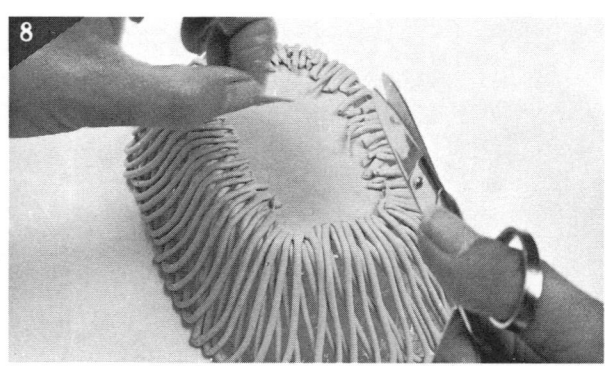

바닥의 끝을 가지런히 자른다.

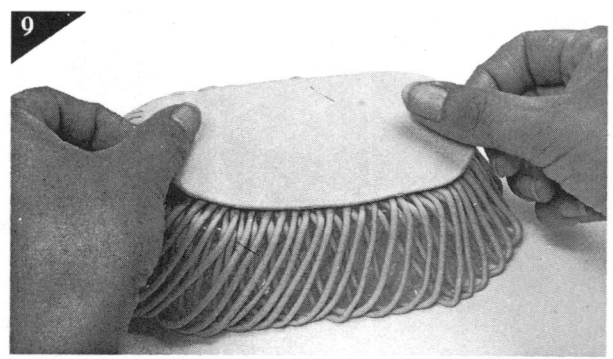

처음에 붙인 바닥과 똑같은 크기로 점토를 잘라서 얹는다.

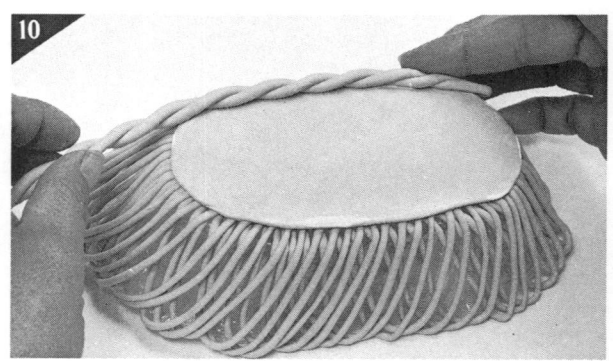

바닥 둘레에 지름 0.3cm의 끈 2줄을 꼬아서 붙인다.

이 상태로 건조시킨다.

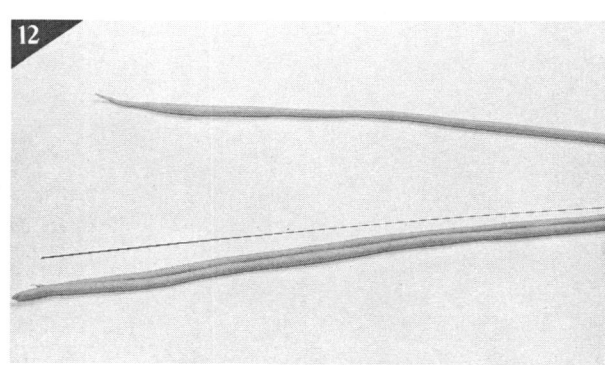

손잡이를 만든다. 지름 0.3cm의 끈을 3줄 만들어서 2
줄 사이에 철사를 넣는다.

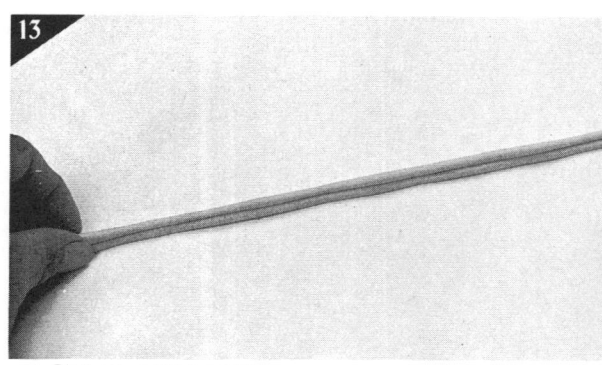

그 위에 끈 1줄을 포갠다.

철사를 넣은 상태로 양손으로 꼰다.

본체의 폭에 맞춰서 손잡이의 끈을 반원형으로 구부린다.

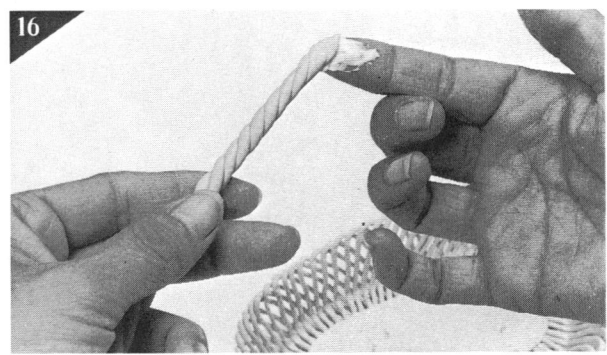

손잡이 양끝을 비스듬히 자르고 본드를 칠한다.

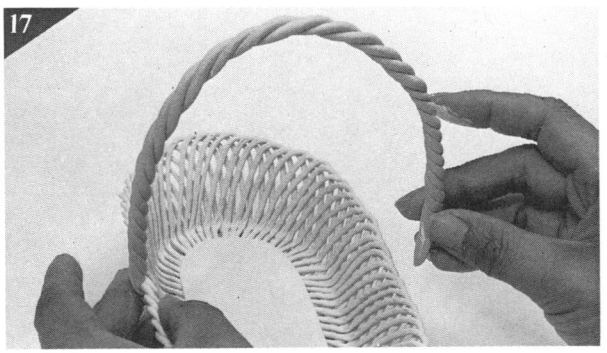

본체의 바깥에 단단히 붙인다.

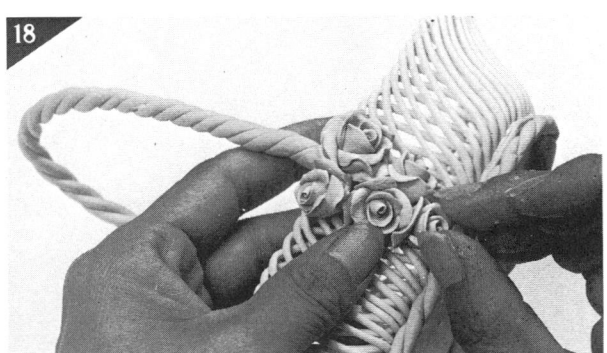

장미꽃 7~8송이를 손잡이를 붙인 부분에 디자인한다.

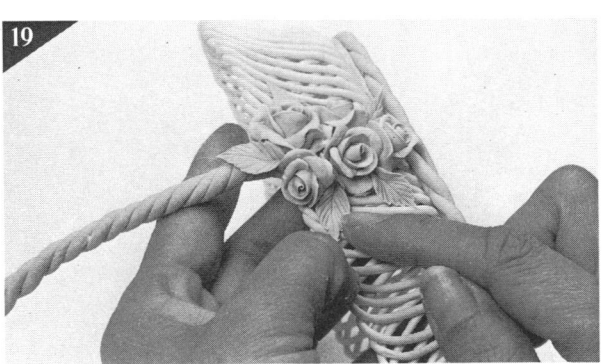

꽃에 맞게 꽃잎 5장 정도를 곁들여 마무리한다.

리본의 긴 끈은 손잡이에 붙인다. 잘 건조시킨 다음 채색한다.

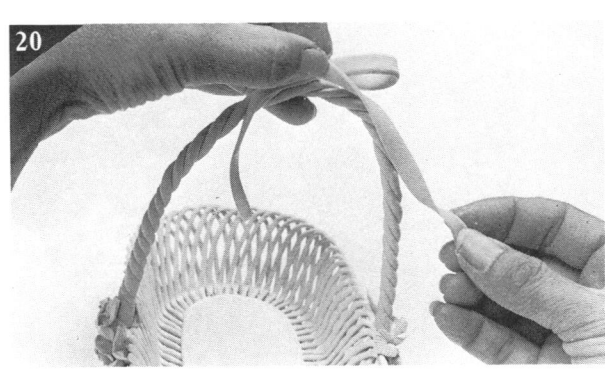

손잡이에 리본을 붙인다.

프릴이 있는 그릇

사진 6p

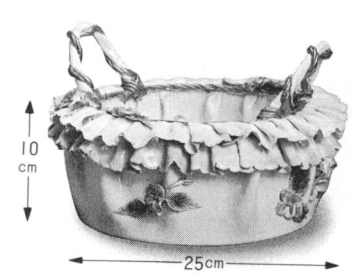

■ **재료** 점토 1400g, 철사(18번 정도), 빈 깡통(지름 20cm×깊이 10cm), 목공용 본드, 가위, 밀대, 레이스 무늬 도구, 점토칼.

■ **제작의 포인트** 주름이 많이 들어간 레이스 장식의 귀여운 그릇이

다. 빈 깡통을 얇게 편 점토로 싸서 만들게 되므로 점토를 고르게 잘 펴는 것이 중요하다. 2단으로 붙이는 레이스는 귀엽고 우아하게 보이게 하기 위해 1.5배 길이로 주름을 잡는다.

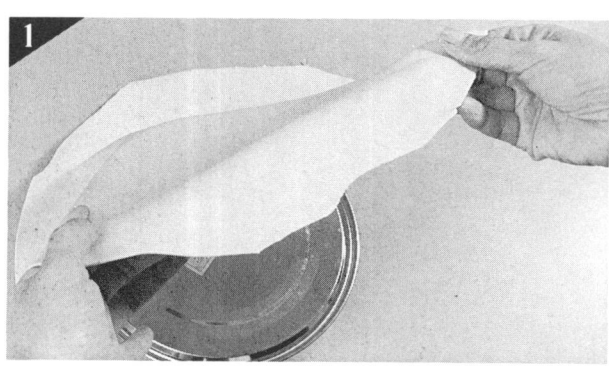

점토 175g 정도를 3mm의 두께로 둥글게 펴서 빈 깡통 바닥에 씌운다.

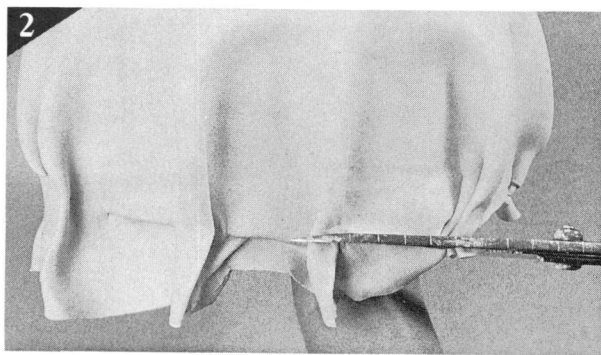

바닥에서부터 옆면까지 보기 좋게 싸서 깡통보다 1cm 길게 여유를 남기고 잘라 낸다.

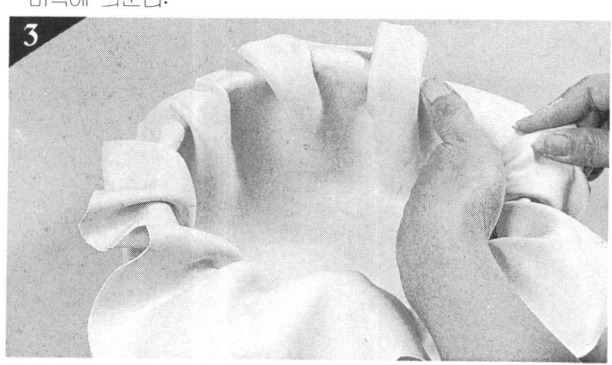

깡통을 바로 놓고 ①과 같이 원형을 만들어 깡통 안쪽에 넣어 모양을 매만진다.

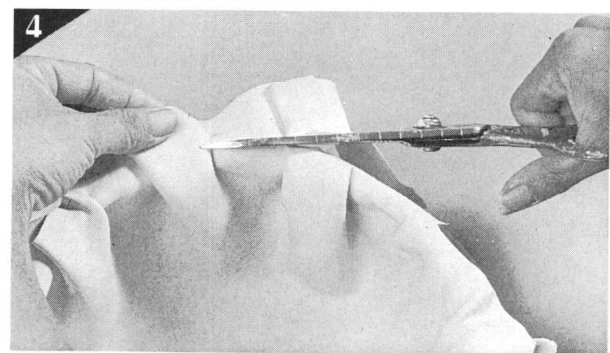

모양을 정리하고 나머지는 깡통의 가장자리에 맞추어서 2장을 함께 잘라 낸다.

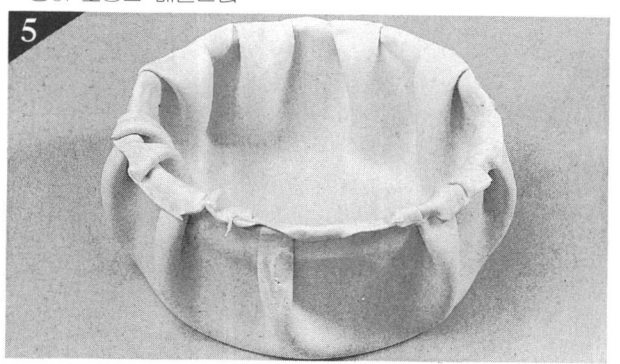

그릇의 형을 바르게 잡고 가장자리에 본드를 칠한다.

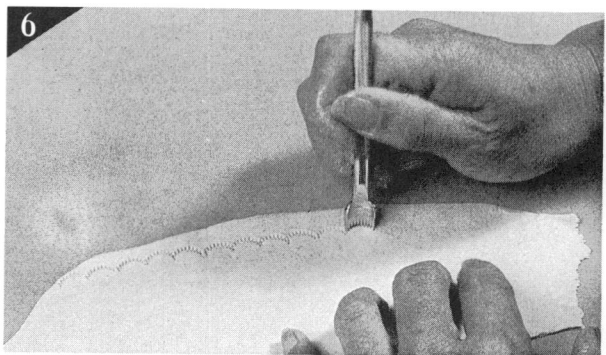

점토 90g을 두께 2mm 두께로 6cm 폭의 테이프 모양으로 펴서 가장자리에 레이스 무늬를 강하게 찍는다.

레이스 무늬의 바깥 조각을 뜯어 내고(95페이지 참조) 꽃무늬를 찍는다.

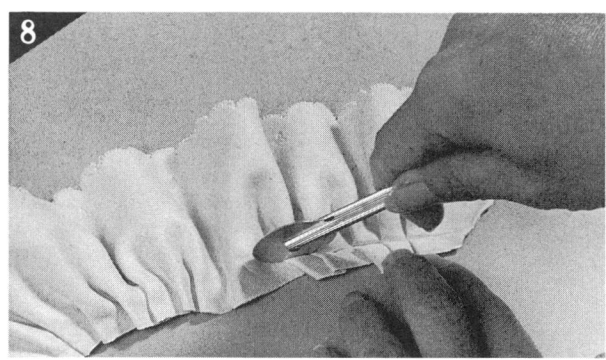

레이스 안쪽 단에 주름을 잡아(붙일 곳의 1.5배 길이로) 5cm 폭으로 자른다.

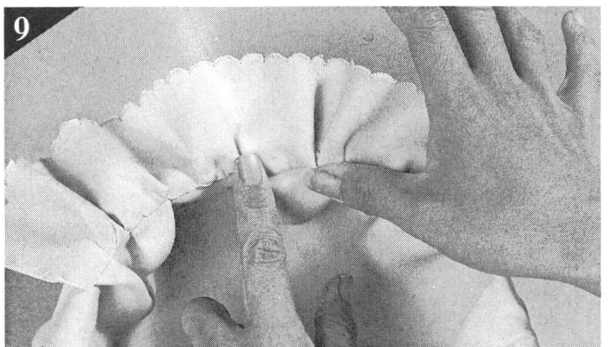

그릇 둘레에 레이스를 붙인다.

2번째 레이스는 4cm 폭으로 만들어 첫번째 레이스 위에 보기 좋게 붙인다.

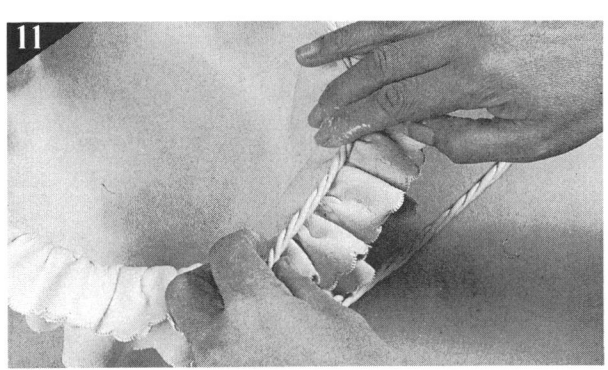

지름 5mm의 끈 2줄을 꼬아서 레이스와 연결된 부분에 본드로 붙인다.

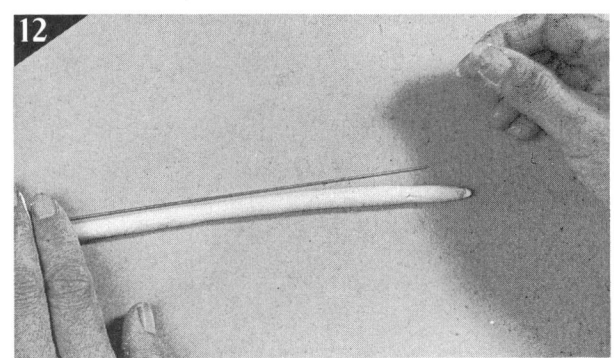

지름 1cm, 길이 16cm의 끈 2줄에 각각 철사를 넣는다(75페이지 참조).

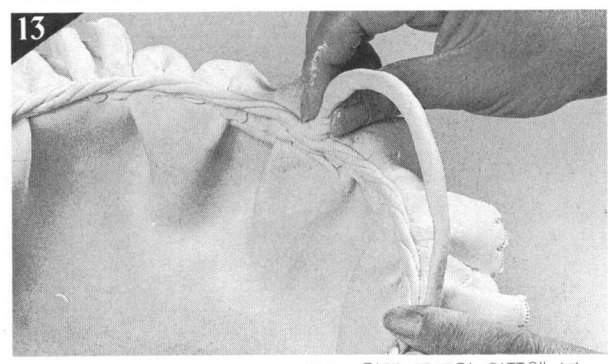

손잡이는 둥글게 구부리고 본드를 칠해 그릇의 안쪽에 붙인다.

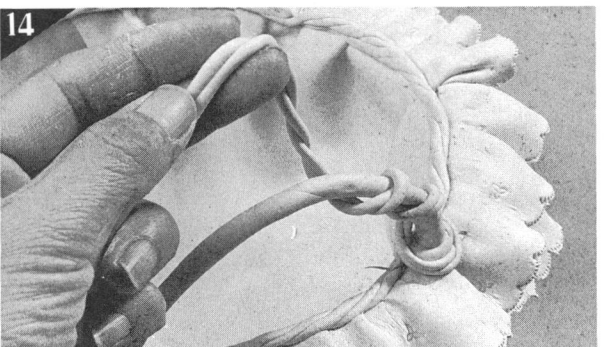

지름 2mm의 가는 끈 2줄을 만들어 꼬아서 손잡이에 여유있게 감는다.

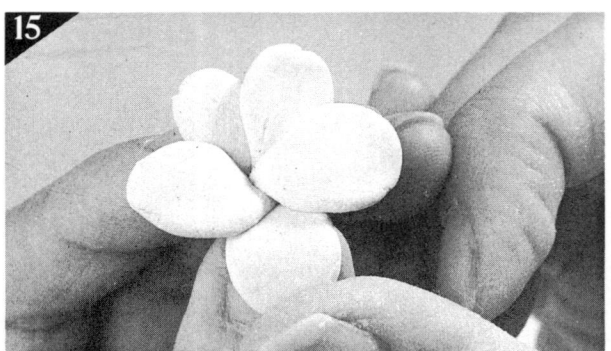

물망초는 콩알만한 점토를 방울 모양으로 만들고 얇게 펴서 꽃잎을 만든다 (5장).

물망초꽃 모양으로 꽃잎을 합치고 쌀알만한 점토를 꽃심으로 붙인다.

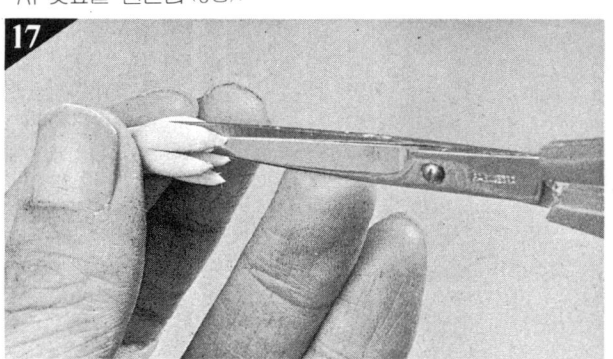

꽃봉오리는 콩알 크기의 점토로 방울 모양을 만들고, 끝을 5등분하여 가위집을 넣어 만든다.

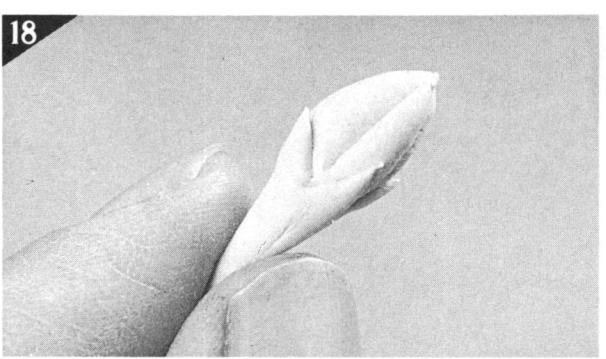

꽃봉오리의 밑 부분에도 꽃받침 모양이 되게 5등분의 가위집을 낸다.

물망초 10송이, 꽃봉오리 6송이, 잎 7~8장을 준비한다.

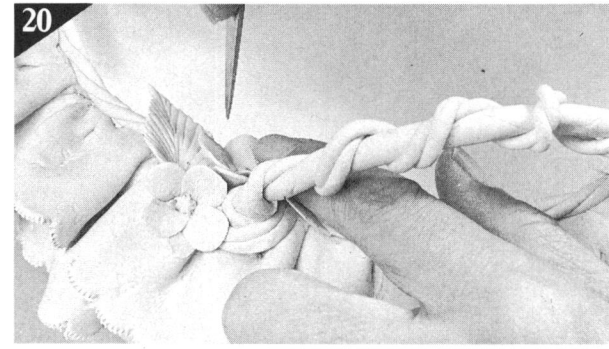

손잡이를 단 부분에 잎과 꽃, 꽃봉오리를 보기 좋게 붙인다.

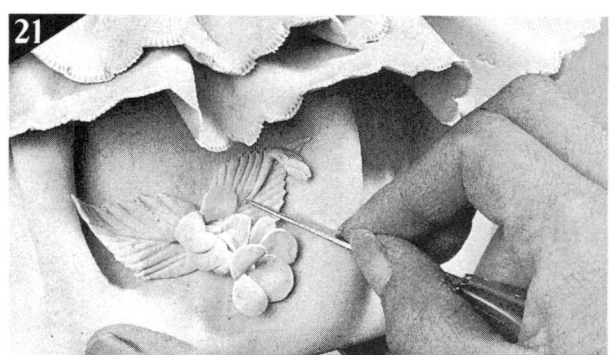

남은 잎과 꽃으로 옆면을 장식한다.

전체를 자연스럽게 말리고, 사진의 색과 같이 107페이지를 참조하여 채색한다.

사슬엮기 바구니

■ **재료** 점토 700g, 철사(18번 정도 2개), 그릇(지름 20cm), 목공용 본드, 비닐, 가위, 밀대.

■ **제작의 포인트** 틀에 끈을 꼬아 U 자형으로 얹어 만든 바구니이다. 끈을 꼬았기 때문에 표면에 요철(凹凸)이 생기고 점토끼리 잘 붙지 않을 수도 있으므로 완전히 건조한 후에 틀에서 빼내도록 한다. 본체가 약하므로 장식하는 꽃과 잎이 너무 크지 않고 손잡이와 균형이 잘 맞도록 붙여야 한다.

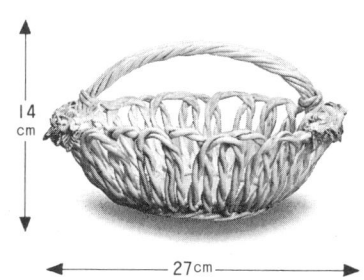

14cm

27cm

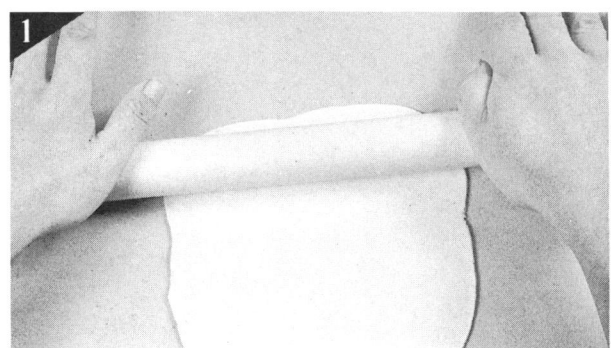

점토를 5mm 두께로 펴서 바닥을 만든다.

지름 13cm 정도의 원형으로 바닥을 잘라 비닐로 싼 틀의 중심에 얹는다.

지름 5mm, 길이 20cm의 끈을 만들어 양손으로 꼰다.

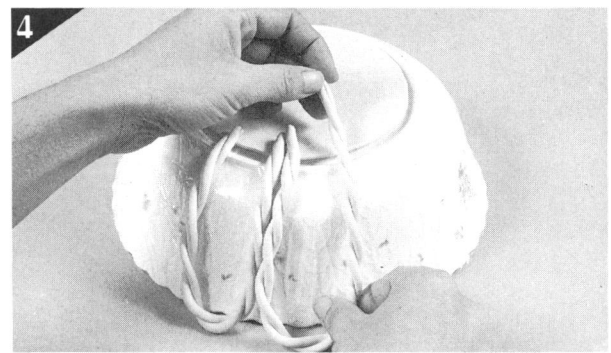

꼰 끈을 U자로 구부려서 틀 둘레에 돌려 가며 붙인다.

두번째는 첫번째 붙였던 U자 사이에 끝을 집어 넣어 전체적으로는 편편하게 하면서 겹쳐 붙인다.

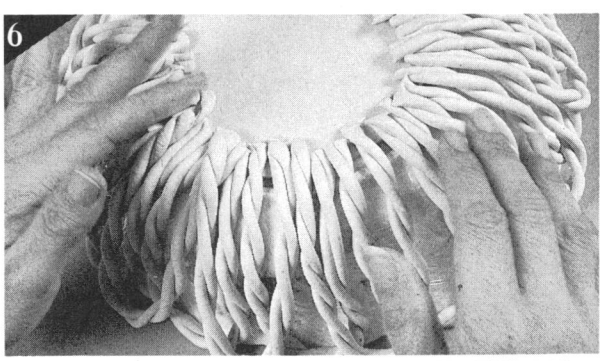

끈은 엮어진 것이 아니므로 위에서 눌러 흐트러지지 않게 단단히 붙인다.

원형의 바닥을 또 1장 만들어 바닥 중간에 덮어 붙인다.

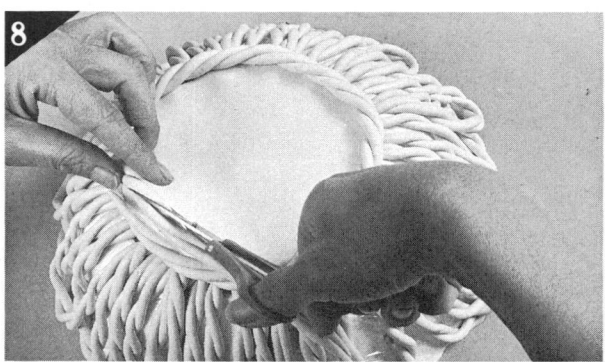

지름 5mm의 끈 2줄을 꼬아서 바닥 둘레에 붙이고 누른다.

전체적으로 잘 붙었는지 확인하며 건조시킨 후 틀을 빼낸다.

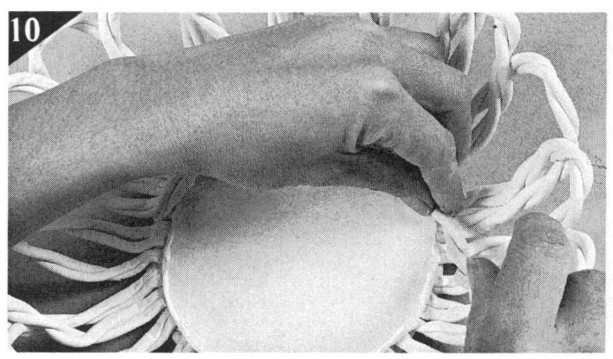

바구니 안쪽의 바닥 둘레에 본드를 좁게 바르고, ⑧과 같이 꼰 끈을 둘러가며 붙인다.

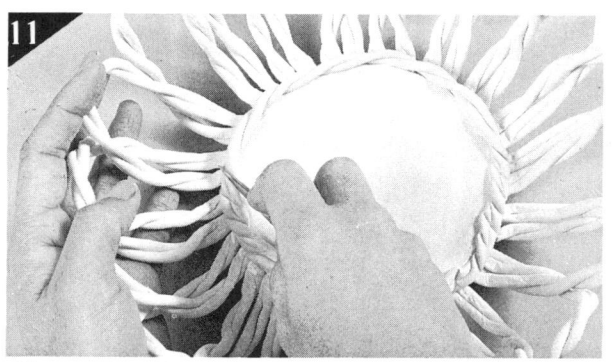

꼰 끈이 잘 밀착되도록 가위 끝으로 2~3cm 간격으로 눌러 준다.

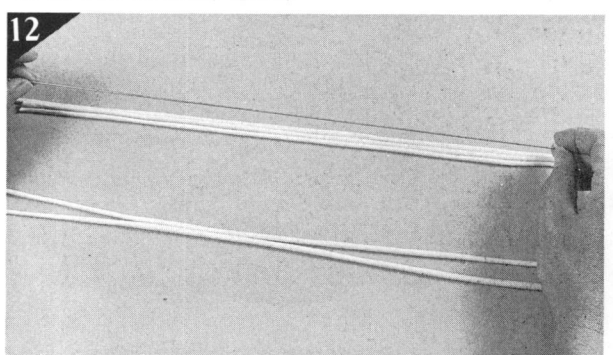

지름 3mm, 길이 45cm의 끈을 5줄 만들어, 3줄을 나란히 놓고 그 중심에 철사를 올려놓는다.

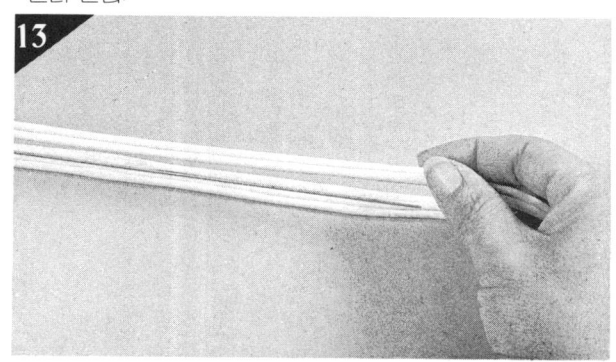

나머지 2줄을 그 위에 올려놓는다.

철사를 끼운 5줄의 끈을 한꺼번에 양손으로 꼰다. 같은 방법으로 또 1줄 만든다.

15 2개의 끈을 합쳐서 손잡이 모양으로 구부린다.

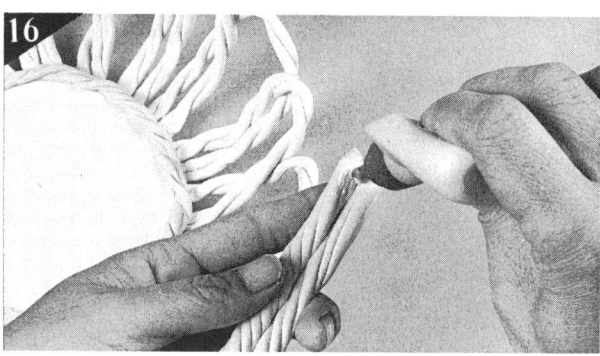

16 손잡이 끝에 본드를 칠한다.

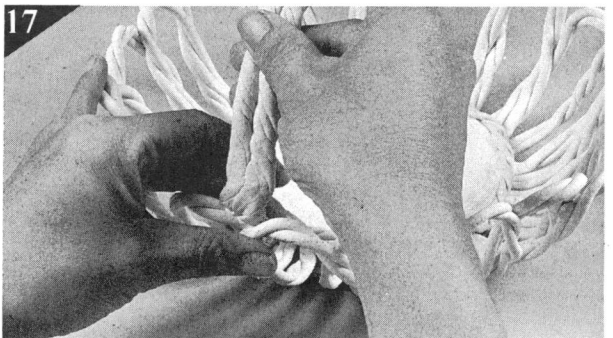

17 손잡이 양 끝을 바구니의 안쪽에 붙인다.

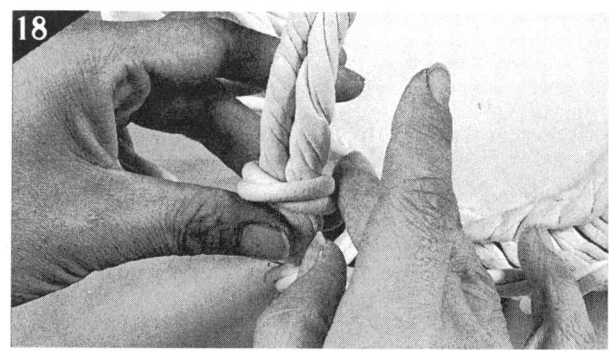

18 지름 5 mm의 끈 2줄을 꼬아서 장식과 보강을 겸하여 손잡이 단 곳에 감는다.

19 손잡이를 단 곳에 잎(106 페이지 참조)을 7장 붙인다.

20 장미꽃(106 페이지 참조)은 크고 작게 7~8송이 만들어, 큰 꽃은 손잡이 단 곳에 붙인다.

21 작은 장미나 작은 꽃(57페이지 참조) 4~5송이를 예쁘게 붙인다.

22 양쪽 모두 똑같이 꽃과 잎으로 장식하여 건조시킨다. 6페 이지 사진과 같이 채색한다.

둥근 꽃바구니

사진 8p

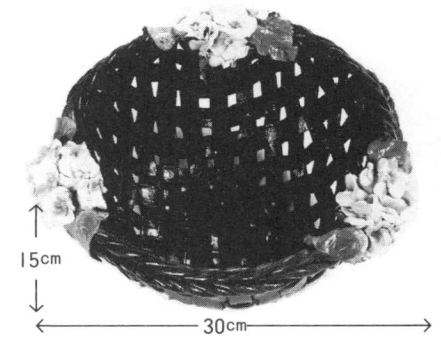

■ **재료** 점토 1000g, 둥근 그릇(지름 24cm), 비닐, 밀대, 가위.
■ **제작의 포인트** 둥근 그릇의 틀에 납작한 끈으로 엮은 바구니로 가장자리 세곳에 꽃을 장식하여 화려하게 꾸몄다. 작은 바구니는 지름 12cm의 틀을 이용해 끈도 약간 가는 것으로 만든다. 채색은 겹으로 두텁게 칠해 중량감을 낸다.

15cm

30cm

틀을 비닐로 싼다.

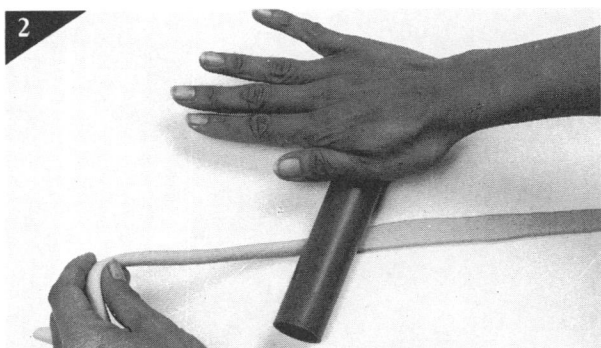

지름 0.8cm의 끈을 밀대로 두께 0.3cm 정도의 테이프 처럼 만든다.

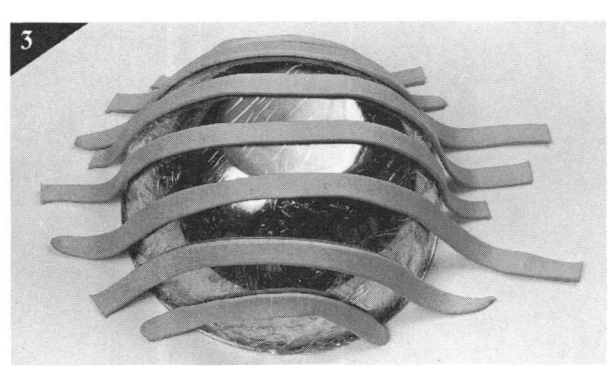

이 납작한 끈을 가로로 8줄 늘어놓는다.

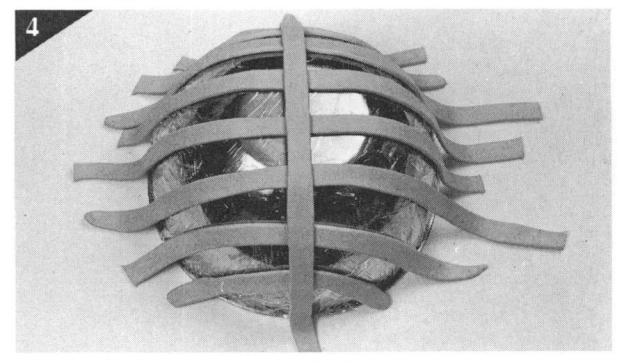

틀 중심에 끈을 세로로 1줄 올려놓는다.

먼저 가로끈의 맨 가운데에 끈을 놓는다.

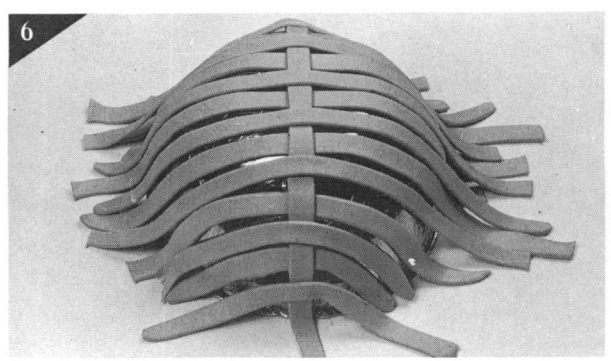

가로로 끈을 전부 놓아 둔 상태이다.

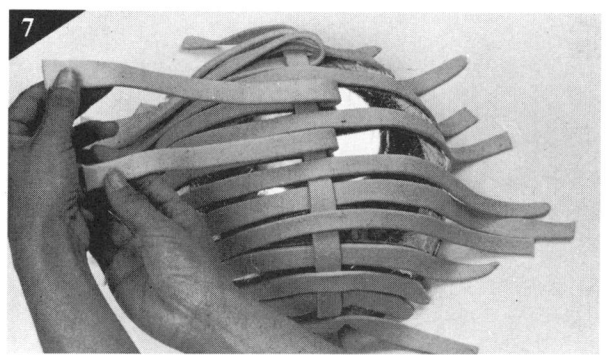

맨 처음(사진 ③) 놓았던 가로 끈 8줄을 들어 올린다.

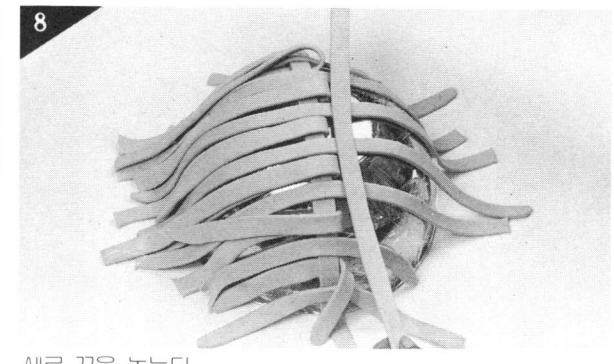

세로 끈을 놓는다.

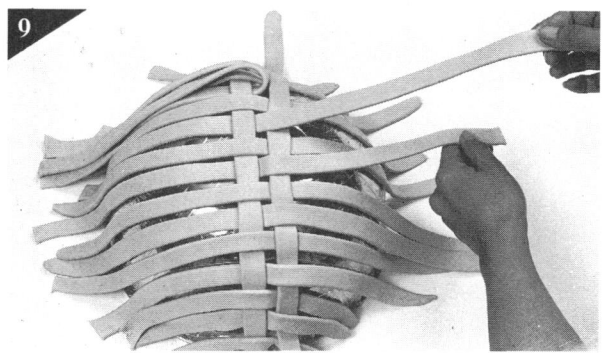

들어 올린 끈을 제자리에 놓는다.

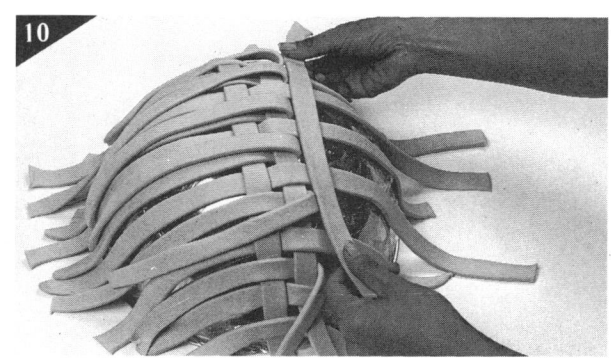

사진 ⑥에서 놓은 가로 끈을 들어 올린다.

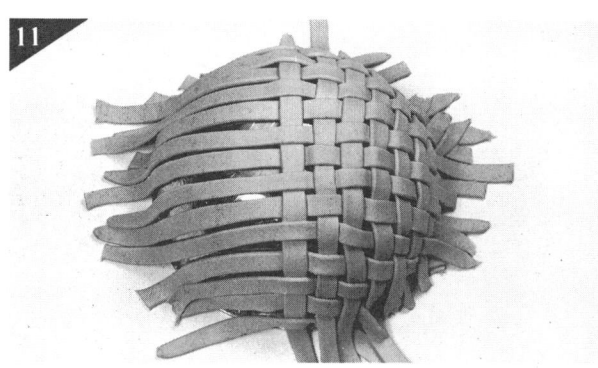

가로의 끈을 들어 올리고 세로 끈을 놓는 것을 반복하여
가장자리까지 엮는다 (사방짜기).

측면으로 갈수록 간격이 좁아지지만 끈이 모두 평행이 되
도록 놓는다.

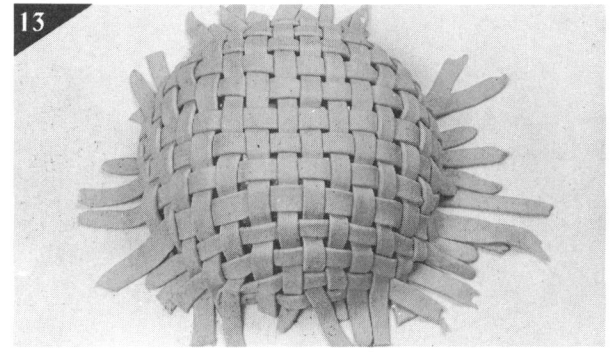

틀의 가장자리까지 사방을 다 엮는다.

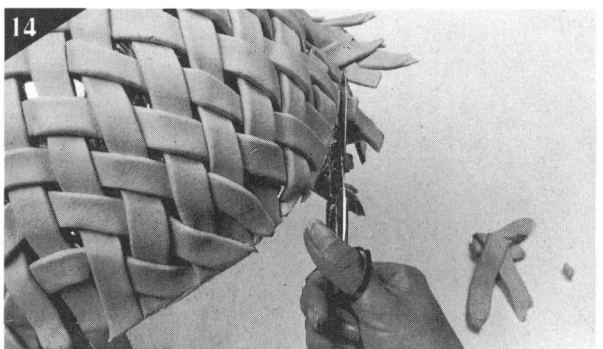

틀의 테두리에 맞추어 가위로 반듯하게 자른다.

둘레를 3등분하여 표시를 하고, 폭 10cm, 깊이 5cm 의 반원형으로 잘라 낸다.

3군데를 같은 크기로 잘라 내고 완전히 건조시켜서 틀을 빼낸다.

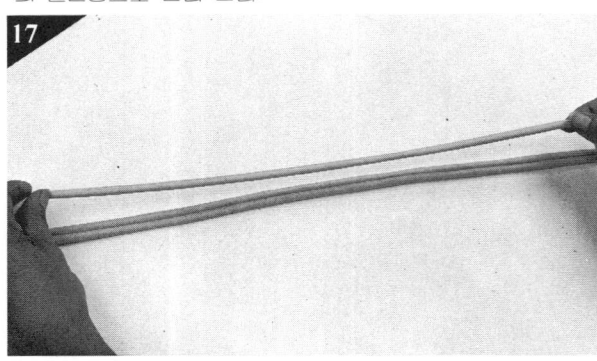

테두리로 쓸 지름 0.8cm의 끈을 3줄 만들어서 2줄 위 에 1줄을 올려놓는다.

양손으로 비벼서 꼰다.

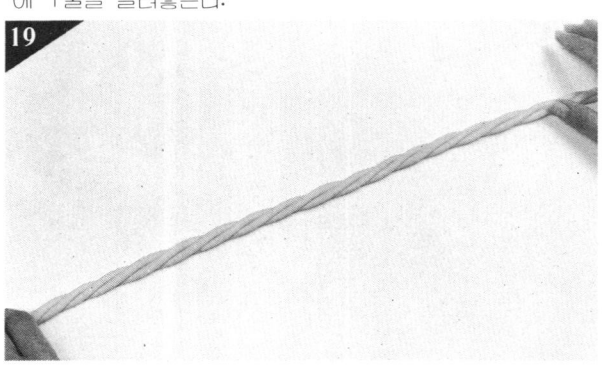

한번 더 비벼서 단단히 꼬이게 한다.

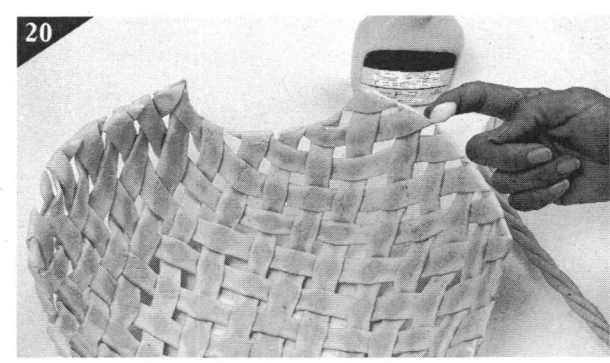

바구니 둘레에 목공용 본드를 칠한다.

꼰 끈을 붙인다. 오목한 곳도 자연스럽게 따라서 붙인다.

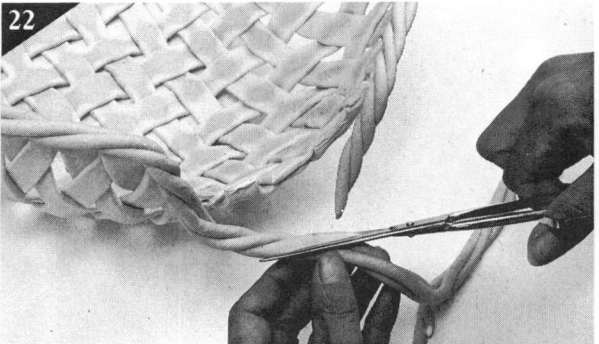

꼰 끈을 이을 때는 사선으로 잘라서 흔적 없이 붙인다.

양 끝도 사선으로 잘라서 본드로 단단히 붙인다.

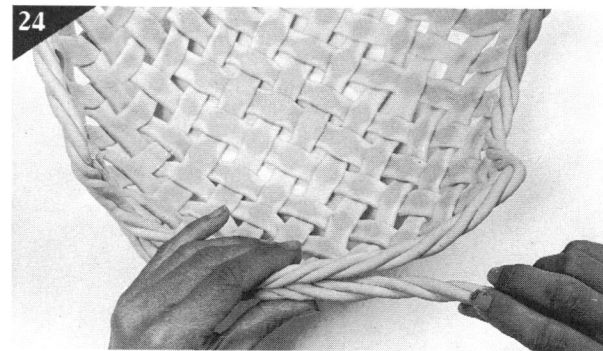

다시 외곽에 3줄로 꼰 끈을 한 바퀴 붙인다. 이 바깥 끈은 먼저 붙인 것과 반대 방향으로 꼰다.

본드로 단단히 붙여서 겹 테두리를 만든다.

대추알 크기의 점토를 방울처럼 뭉쳐서 밀대로 눌러 잎의 모양을 만든다.

가위 끝으로 잎맥의 가운데 줄을 새기고 양쪽에 가지도 그린다.

가늘게 갈라진 잎맥도 모두 새긴다.

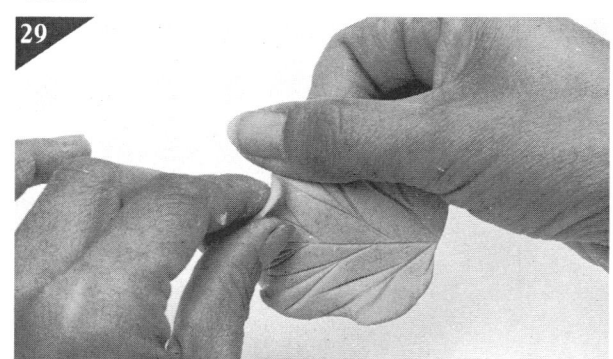

잎의 가장자리에 주름을 넣어서 모양을 낸다.

잎의 밑부분을 가운데로 집어 주고 끝은 약간 비틀어서 자연스런 모양을 만든다.

71

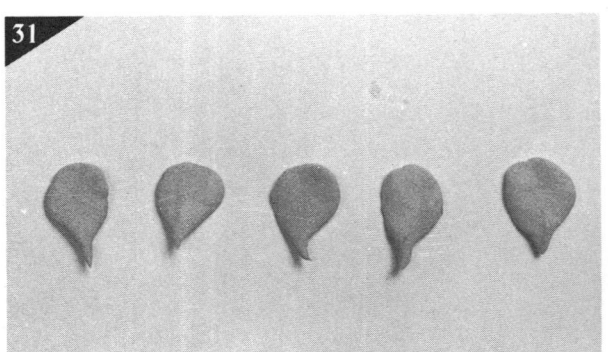

땅콩 크기의 점토를 방울처럼 뭉치고 밀대로 밀어서 꽃잎
모양을 5장 만든다.

5장의 꽃잎을 부채꼴로 포갠다.

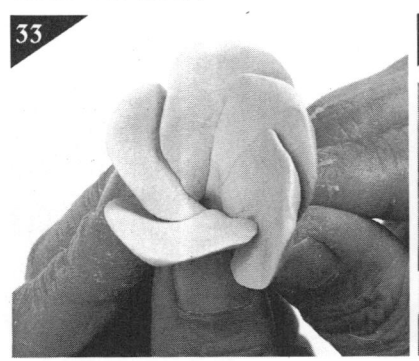

부채꼴의 잎을 동그랗게 한바퀴
돌린다.

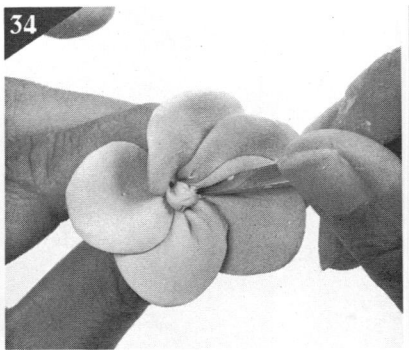

꽃의 중심에 작은 꽃술을 넣고 잘 눌러
서 붙인다.

꽃잎을 뒤로 젖혀서 꽃 모양을 낸다.

한곳에 붙일 꽃 10송이와 잎 4장이다. 꽃과 잎을 모두
크고 작게 만들고 모양도 변화를 준다.

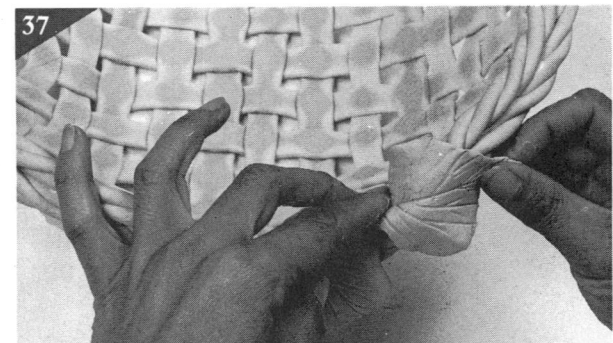

먼저 잎을 바구니에 붙인다.

꽃을 부케처럼 모아서 붙인다. 안팎이 고루 예쁘게 보이도
록 배치한다.

다른 곳도 같은 방법으로 꾸민다. 잘 건조시켜서 채색한
다.

빨간 바구니

24 cm

27cm

■ **재료** 점토 1,400g, 철사 2줄, 18번 목공용 본드, 그릇(지름 20cm), 비닐, 밀대.

■ **제작의 포인트** 둥근 날대를 놓고 납작한 씨줄로 엮는데, 날대 수를 홀수로 하면 한 줄의 끈으로 끝까지 엮을 수 있다. 손잡이는 바구니를 들었을 때, 바구니가 한 쪽으로 기울어지지 않도록 균형을 잘 잡아서 붙여야 한다. 형태는 간단하지만 색깔의 선택에 따라 개성적인 바구니가 될 것이다.

그릇을 비닐로 싼다.

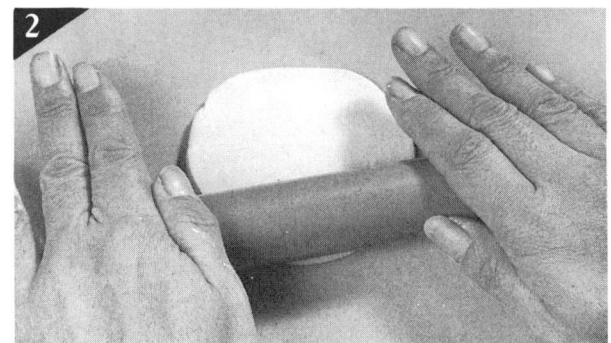

작은 달걀 크기의 점토를 밀대로 밀어서 지름 8cm 정도의 원형 바닥으로 만든다.

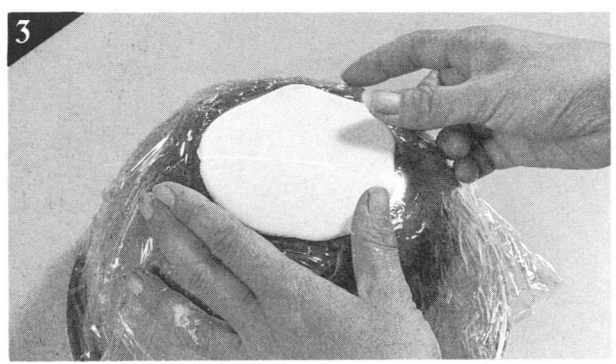

원형 바닥을 그릇의 바닥 중앙에 올려놓는다.

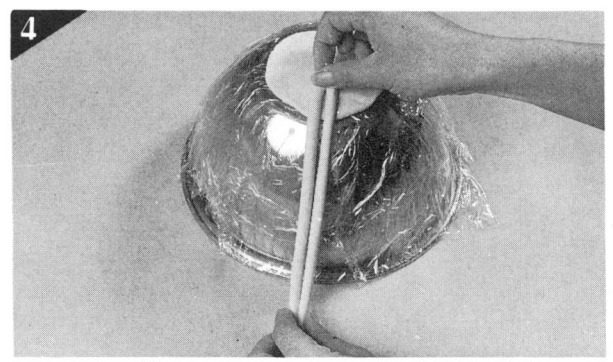

지름 8mm, 길이 30cm의 둥근 줄을 반으로 접어 바닥에 붙이고 끝은 밑으로 늘여 놓는다.

같은 방법으로 틀 둘레에 일정하게 9줄을 붙여 놓는다.

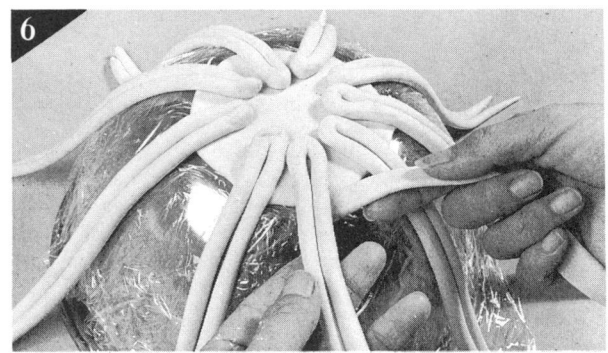

지름 1cm의 줄을 밀대로 밀어서 1.2cm 폭으로 납작한 끈을 만들어 옆면을 짜 나간다.

73

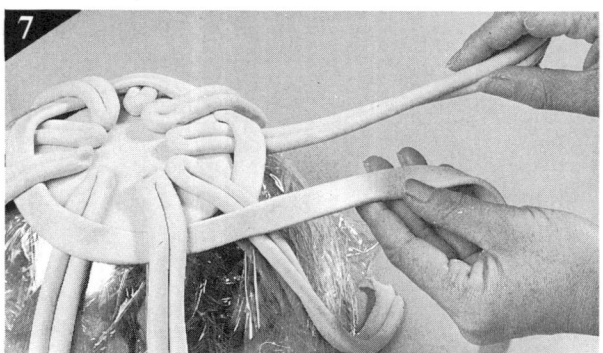

9개의 끈에 납작한 씨줄로 옆면을 하나씩 위아래로 엮어
나간다.

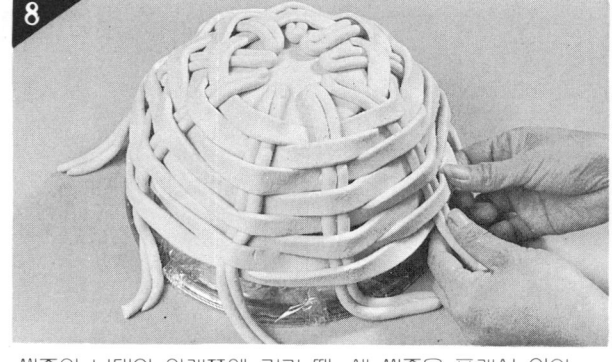

씨줄이 날대의 아래쪽에 걸릴 때, 새 씨줄을 포개서 이어
가며 틀의 끝까지 엮는다.

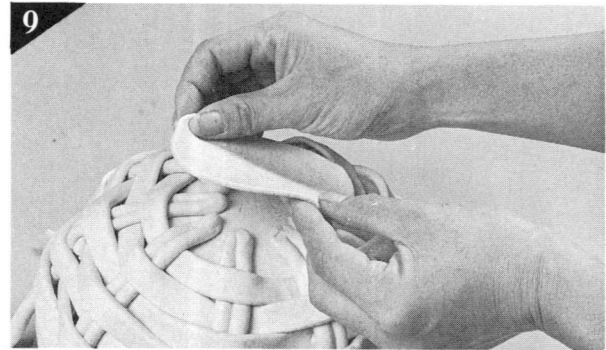

②와 똑같은 바닥을 1장 더 만들어 바닥 위에 붙인다.

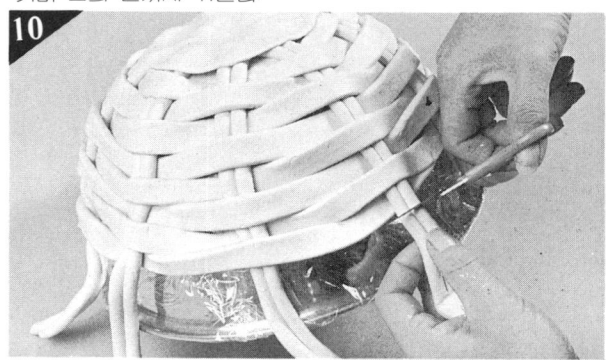

틀보다 긴 날대는 가위로 잘라 낸다.

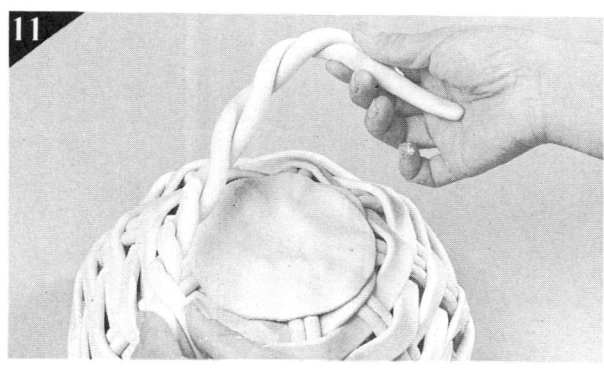

지름 1cm, 길이 30cm 정도의 줄 2개를 꼬아서 바닥 둘레
에 붙인다.

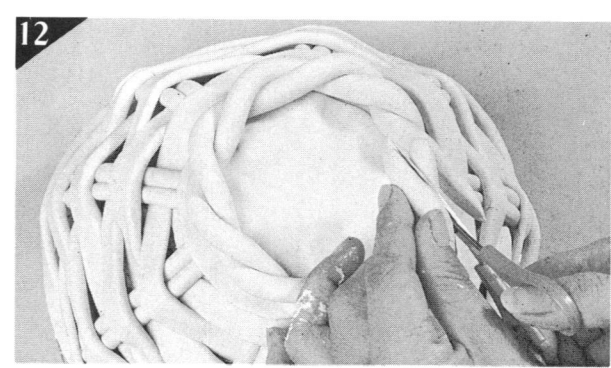

꼰 끈의 양끝은 어슷하게 자르고 본드를 칠한다.

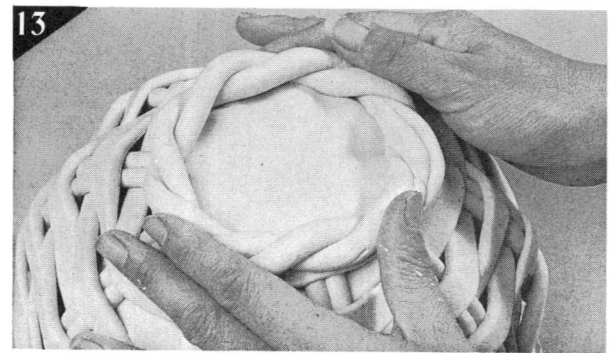

잘라서 이은 부분을 매끈하게 다듬은 다음 둥글게 모양을
잡아 준다.

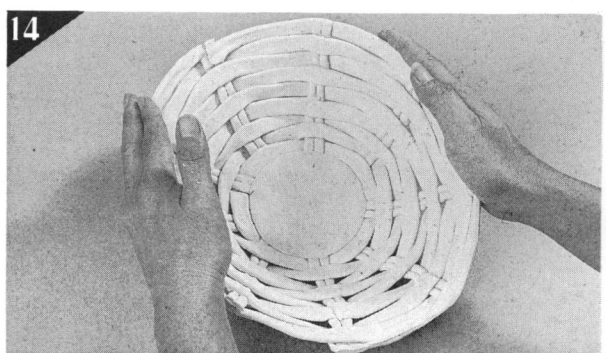

약간 덜 말랐을 때 틀에서 벗기고, 양손으로 가볍게 눌러
서 타원형으로 만든 후 건조시킨다.

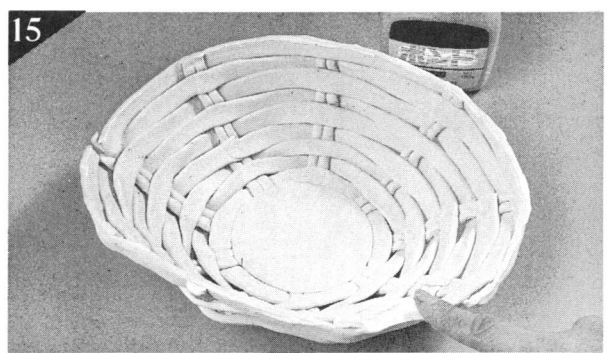

15

본체의 가장자리에 본드를 바른다.

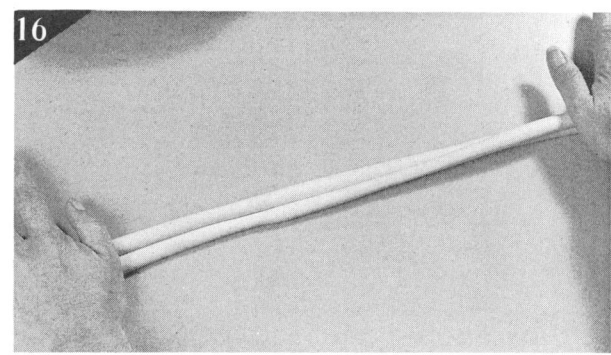

16

지름 1㎝, 길이 70㎝ 정도의 끈을 2줄 만든다.

17

2줄의 끈을 나란히 합하여 끝을 양손으로 잡고 반대로 굴려 꼰다.

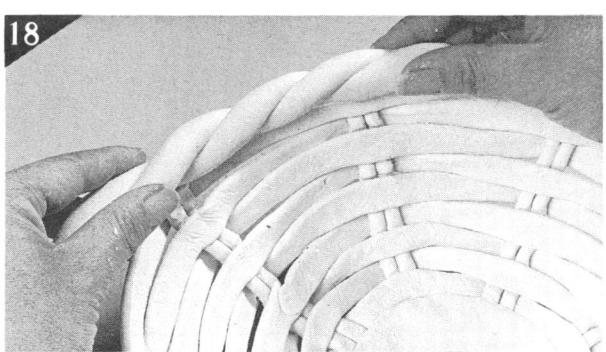

18

꼬아 만든 끈을 바구니의 테두리에 붙이고 모양을 바로 잡는다.

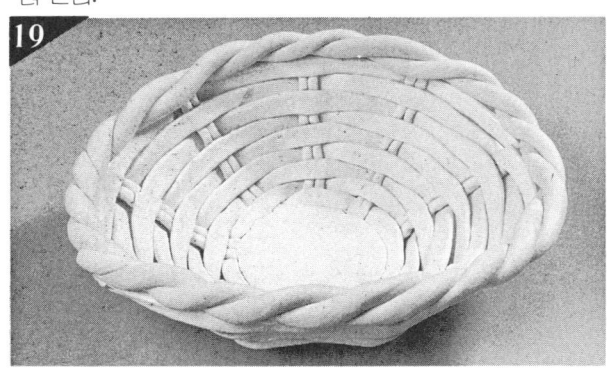

19

완성된 본체의 모양.

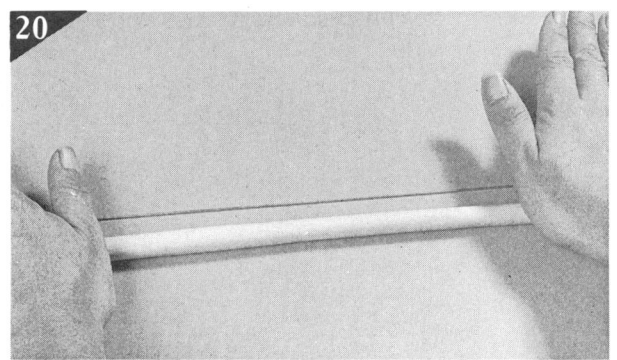

20

지름 8㎜, 길이 45㎝의 끈에 철사를 가운데에 넣고 함께 굴린다.

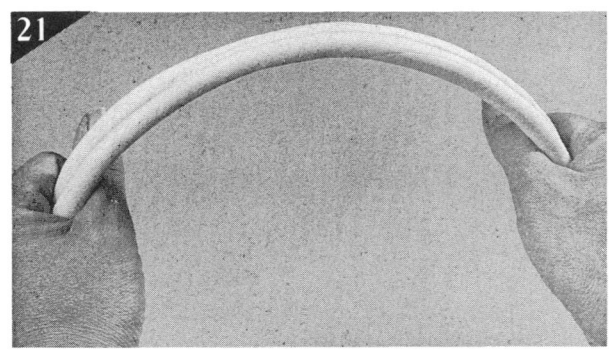

21

철사를 넣은 끈을 2줄 만들어서 바구니의 폭에 맞추어 구부린다.

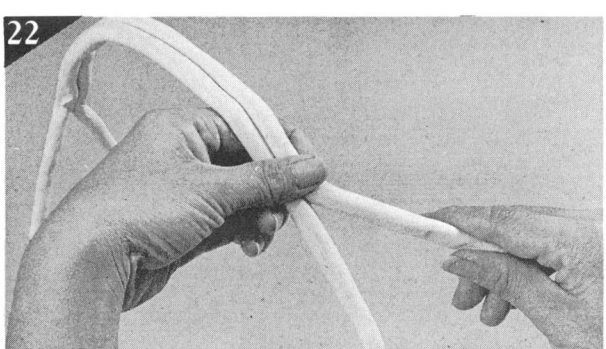

22

손잡이의 양 끝은 5㎝ 정도를 V자형으로 벌린다.

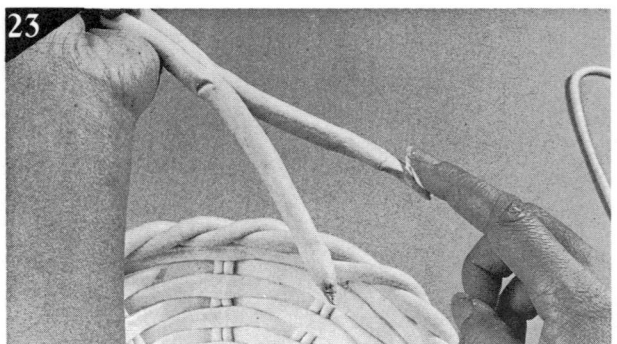

손잡이 4곳의 끝에 칠한다.

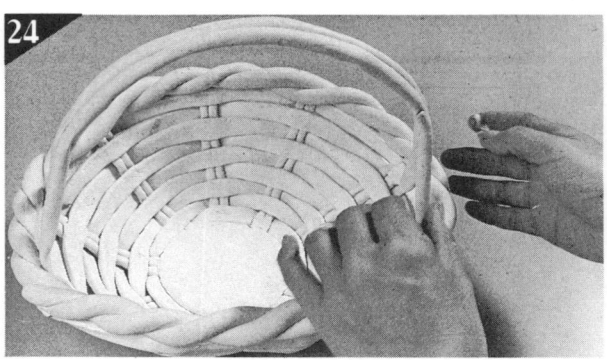

바구니 안쪽에 손잡이를 눌러 가며 붙인다.

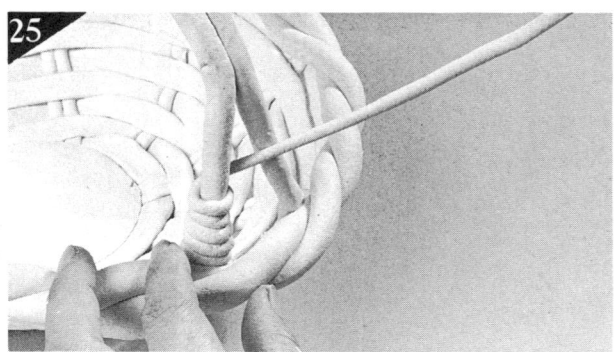

지름 3㎜의 가는 끈을 만들어 손잡이 붙인 곳에서부터 감아 나간다.

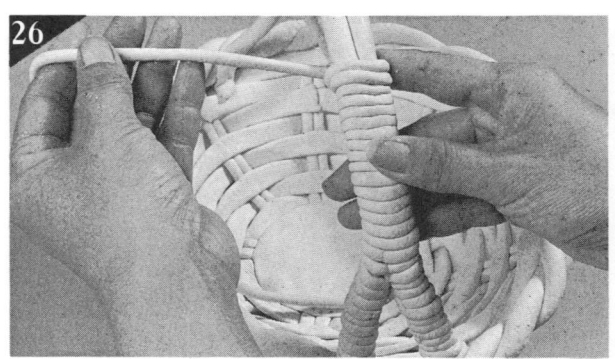

V자형 부분을 다 감았으면 계속해서 손잡이 전체를 감는다.

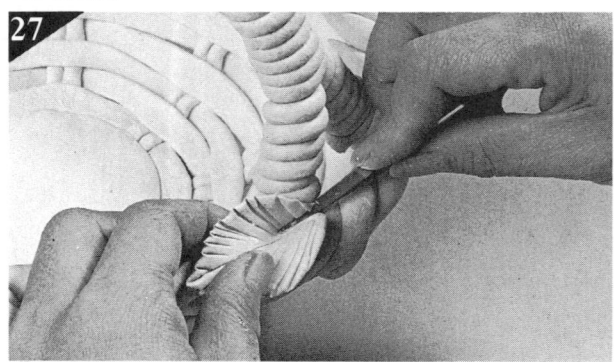

장식용 잎을 만들어(106 p 참조) 손잡이 붙인 곳의 바깥쪽에 붙인다.

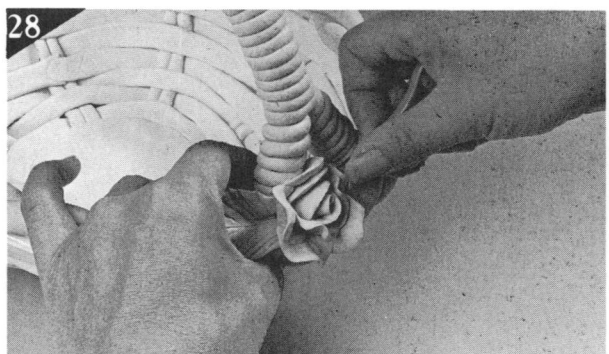

106페이지를 참조하여 장미꽃도 만들어서 잎 위에 예쁘게 붙인다.

반대쪽에도 잎과 꽃을 붙인다.

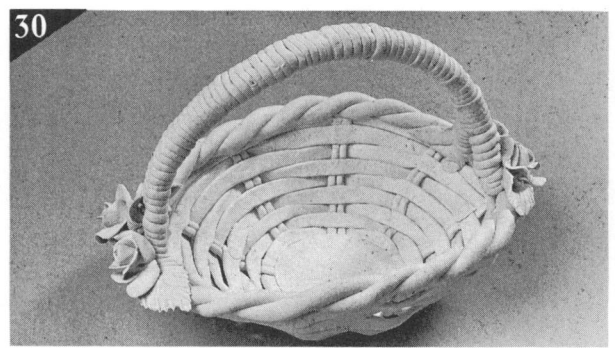

잘 건조시켜 (2일 정도), 짙은 색으로 전체를 칠한다.

뚜껑이 있는 그릇

■ **재료** 점토 1,000g, 목공용 본드, 그릇(지름 16cm), 접시(지름 16cm), 비닐.

■ **제작의 포인트** 부엌에 흔히 있는 그릇을 틀로 사용해 만든다. 뚜껑을 만들 접시는 그릇과 지름 이 같은 것을 고른다. 끈을 엮어서 만드는 것이 아니라 그물 모양으로 포개어 붙이는 것이므로, 점토끼리 잘 붙도록 누르면서 붙인다. 뚜껑의 장식 꽃은 손잡이가 되기 때문에 단단히 붙여야 한다.

12cm
18cm

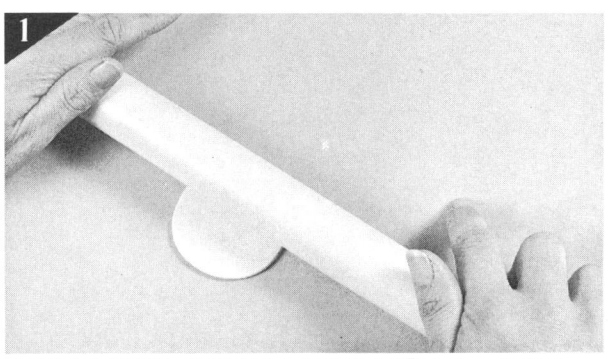

1 본체부터 만든다. 엄지손가락 크기의 점토를 5mm 두께로 편다.

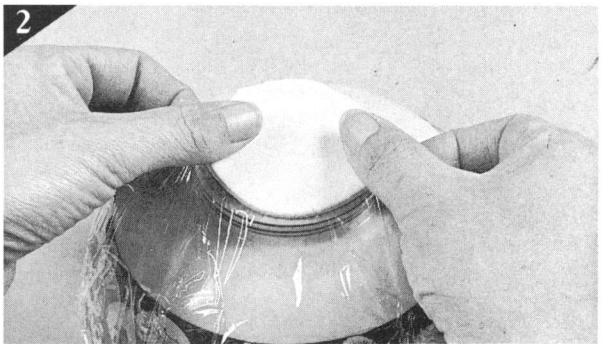

2 비닐로 싼 그릇 바닥에 ①의 둥근 점토를 올려놓는다.

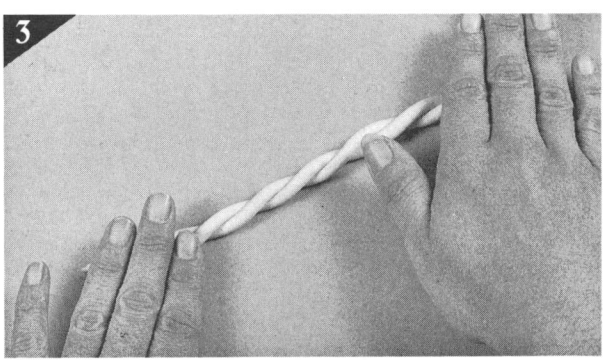

3 지름 5mm, 길이 30cm의 끈을 반으로 접어서 양손으로 비틀어 꼰다.

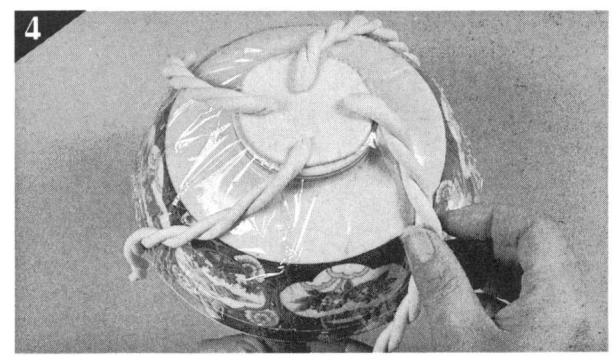

4 꼰 끈 4줄을 틀 둘레에 부드러운 곡선을 만들며 붙인다.

5 꼰 끈은 그릇 가장자리에 2.5~3cm 정도의 간격으로 붙이고, 다시 그 위에 반대 방향으로 곡선을 그리며 포갠다.

6 바닥 위에 ①과 같은 둥근 바닥을 만들어 얹는다.

틀에 맞추어서 둘레를 가위로 자른다.

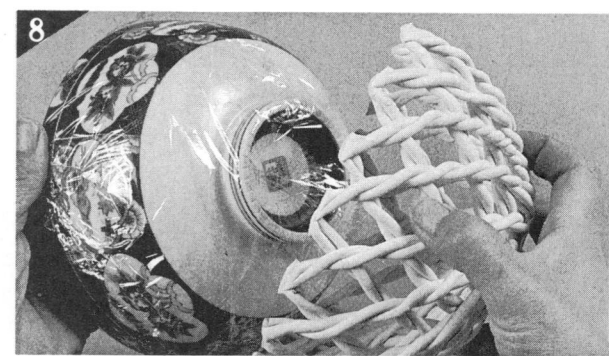

2일 정도 건조시킨 후 틀에서 빼낸다.

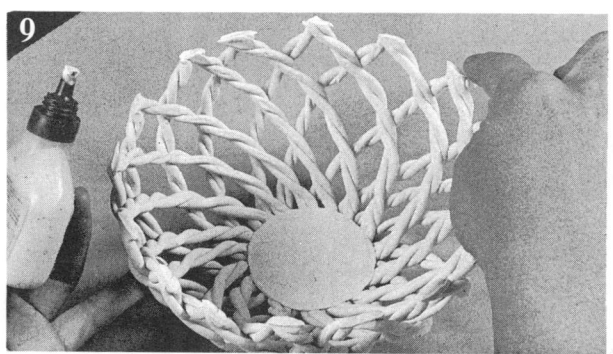

가장자리에 본드를 칠한다.

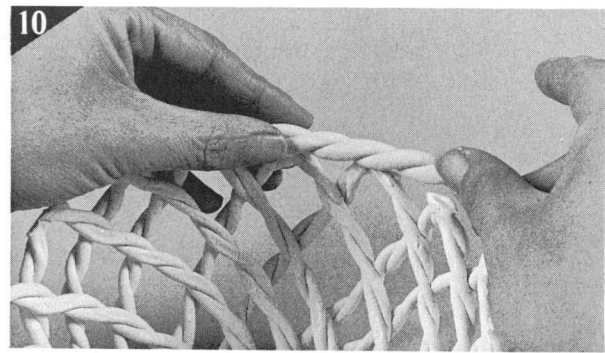

지름 7㎜의 끈 2줄을 양손으로 꼬아서 가장자리에 붙인다.

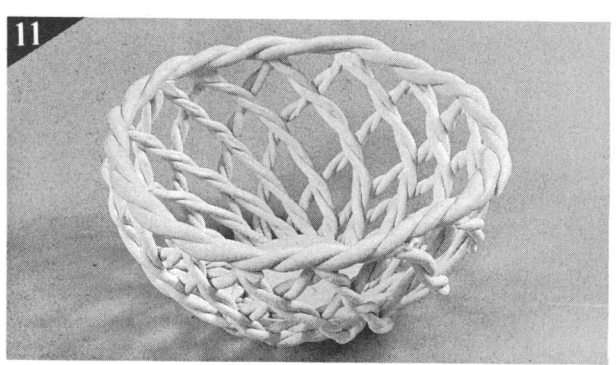

그릇의 본체 완성. 모양을 정리하여 잘 건조시킨다(2일 정도).

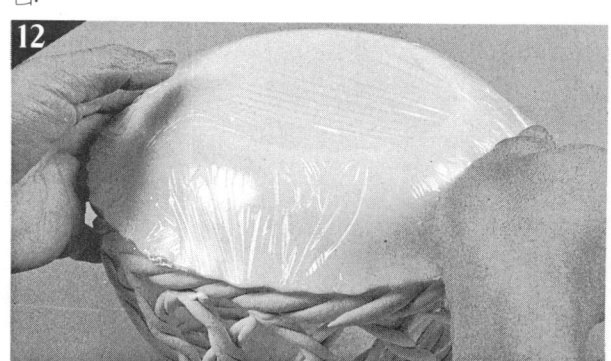

뚜껑을 만든다. 본체에 접시를 얹어 틀로 쓴다. 틀을 비닐로 싼다.

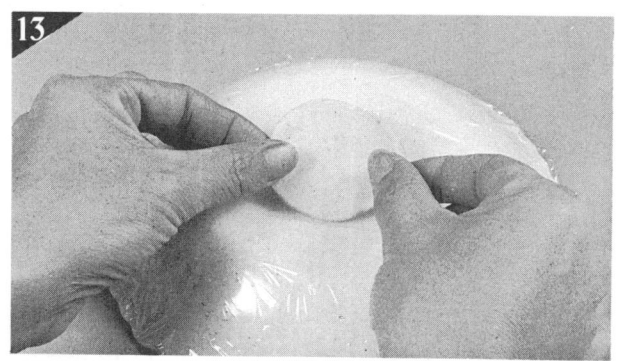

바닥의 중앙에 점토를 5㎜ 두께로 지름 5㎝의 원형으로 만들어 얹는다.

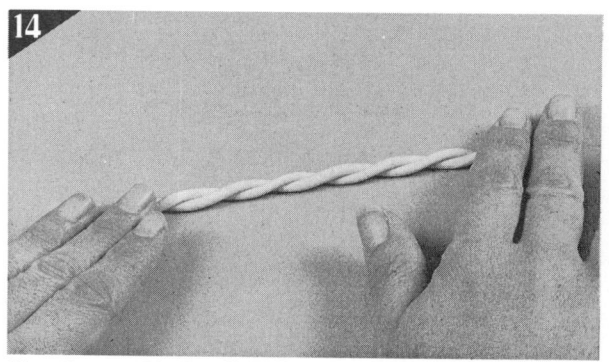

지름 5㎜, 길이 25㎝의 끈을 두개로 접어서 꼰다.

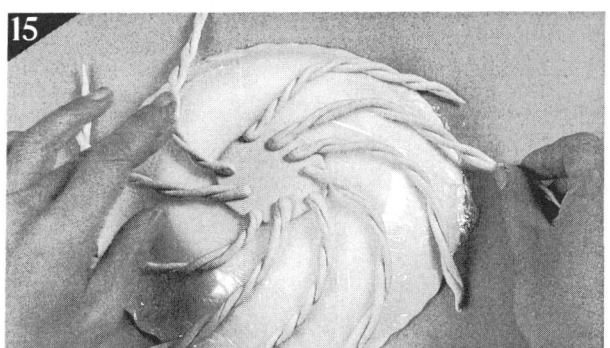

몸체와 같은 요령으로 곡선을 만들면서 꼰 끈을 붙인다.

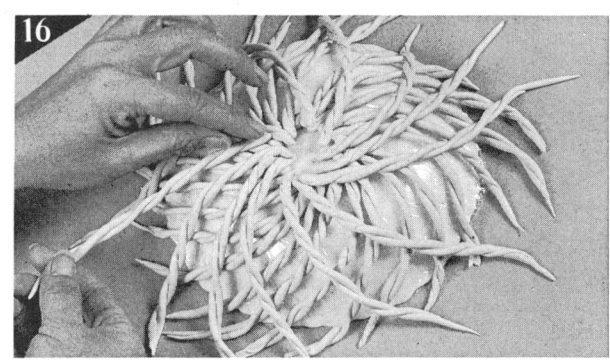

다음에는 그 반대 방향으로 그물 모양이 되도록 붙인다.

⑫와 똑같은 원형을 만들어서 중심에 붙인다.

틀에 맞추어 나머지 점토를 잘라 낸다.

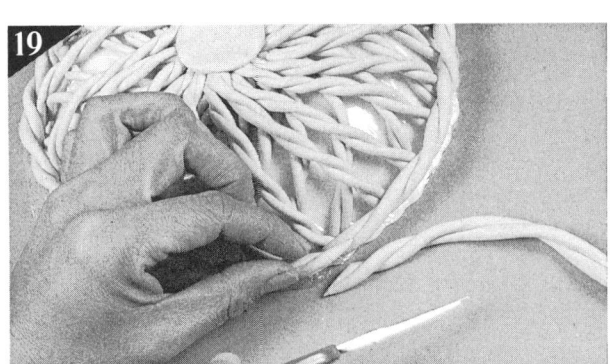

지름 7㎜의 끈 2줄을 꼬아서 뚜껑 둘레에 눌러 붙인다.

장미꽃 1송이, 잎 3장을 만든다(106페이지 참조). 잎과 꽃을 뚜껑 중심에 붙인다.

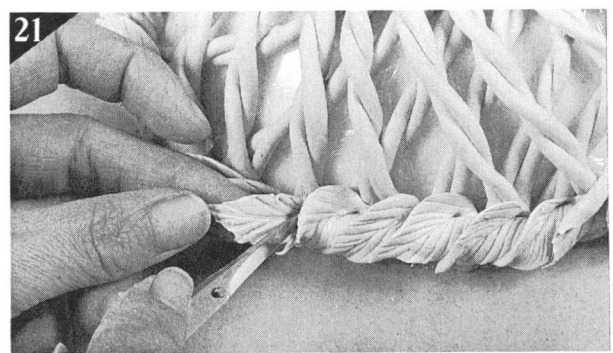

땅콩알 크기의 점토로 만든 잎 40장을 뚜껑 둘레에 어울리게 붙인다.

뚜껑이 완성되었다. 꽃과 잎은 뚜껑의 손잡이가 되므로 단단히 붙여서 건조시킨 후 채색한다.

엮어서 만든 손바구니

사진 11p

29cm

24cm

■ **재료** 점토 1,000g, 철사 2줄 (18번 정도), 그릇(지름 20cm), 목공용 본드, 비닐, 밀대.

■ **제작의 포인트** 색다르게 꼬아 만든 바구니이다. 2줄을 하나로 틀

둘레에 7개나 9개 등 홀수로 구성하여 1줄씩 엇갈리게 엮는다. 작업을 빨리 하지 않으면 굳어 버리게 되므로 익숙한 사람에게 권하고 싶은 작품이다.

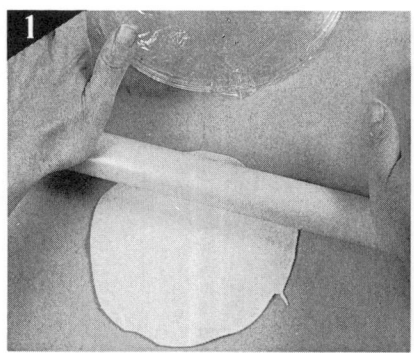

1 점토를 5mm 두께로 펴서 틀(그릇) 바닥과 같은 크기로 자른다(바닥).

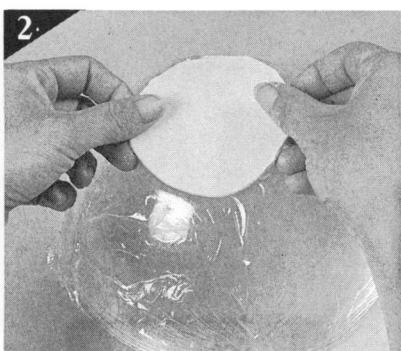

2 비닐로 싼 틀의 바닥에 ①의 점토를 올려놓는다.

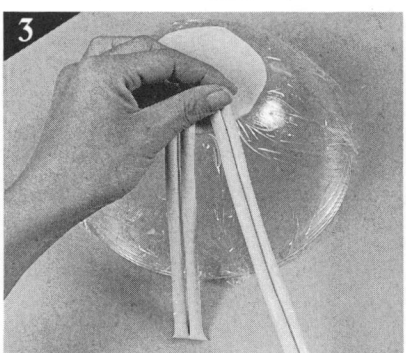

3 지름 5mm, 길이 30cm의 끈을 반으로 접어서 날대를 만든다.

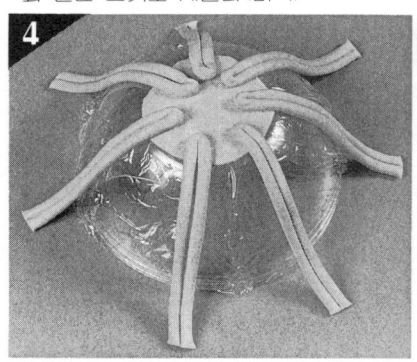

4 날대는 틀의 주위에 7줄이나 등의 홀수로 일정한 간격으로 놓는다.

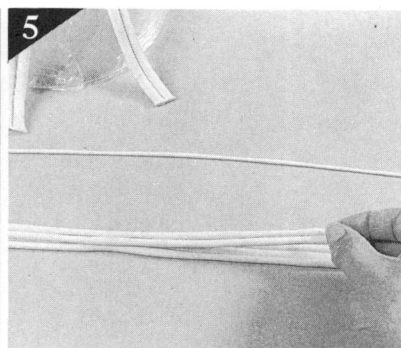

5 지름 3mm의 가는 끈 6줄을 만들어 3줄을 늘어 놓고 그 위에 2줄을 얹는다.

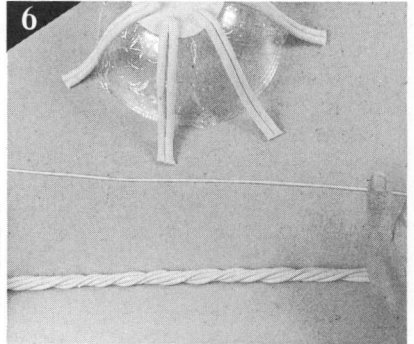

6 5줄의 끈 끝을 양손으로 잡고 굴려서 꼰다.

7 꼰 끈에 나머지 1줄을 꼰 방향과 반대로 감는다.

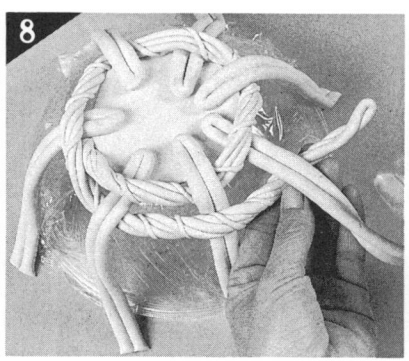

8 ⑦의 끈과 씨줄의 날대를 1줄씩 위아래로 누벼서 엮는다.

9 씨줄은 날대 밑에서 이으며 계속 엮는다.

80

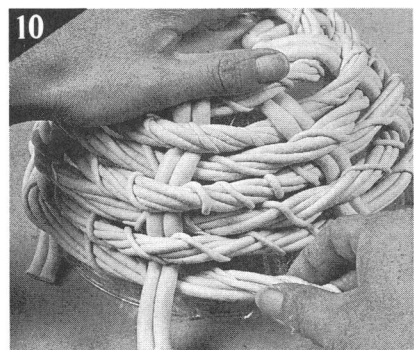

10

날대가 홀수이므로 계속 돌아서 끝까지 엮는다.

11

틀의 가장자리에 맞추어서 나머지 날대 끝은 가위로 잘라 버린다.

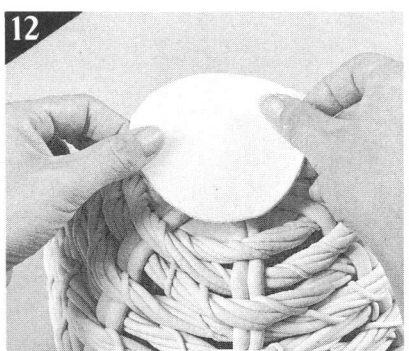

12

바닥 중앙에 ①과 같은 바닥을 다시 엎고 눌러 붙인다.

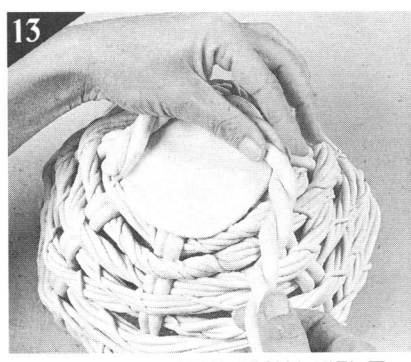

13

지름 1cm의 끈 2줄을 꼬아서 바닥 둘레에 붙이고 건조시킨다.

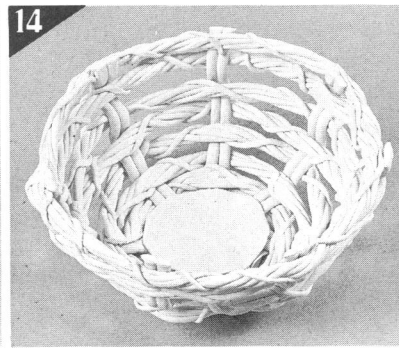

14

틀을 빼고 바구니 안쪽의 바닥 둘레에 본드를 엷게 바른다.

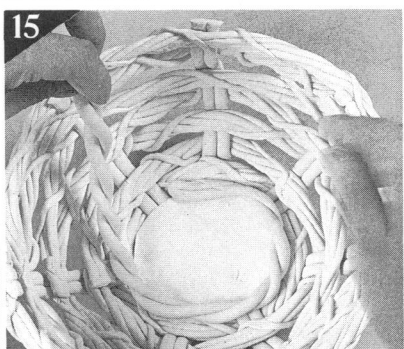

15

지름 5mm의 끈 2줄을 꼬아서 본드를 칠한 곳에 붙인다.

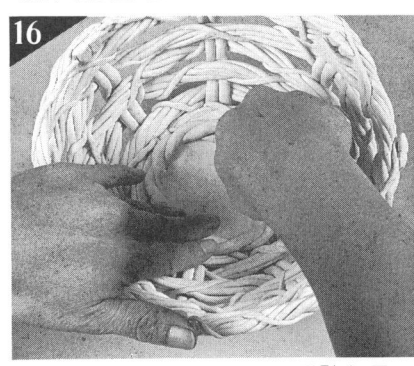

16

붙인 끈이 떨어지지 않게 단단히 누른다.

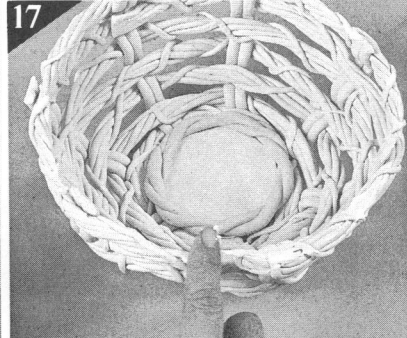

17

바구니 가장자리에도 본드를 칠한다.

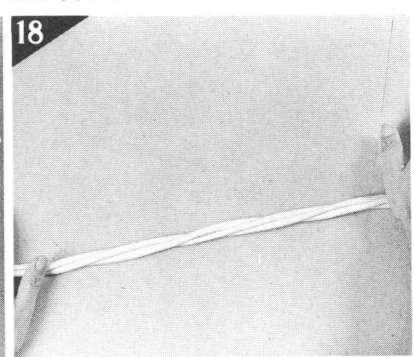

18

지름 7mm의 끈 3줄을 만들어 2줄 위에 1줄을 엎고 꼰다.

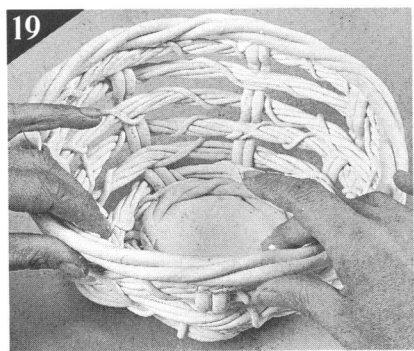

19

바구니 둘레에 테두리를 붙인다. 잘 누르면서 돌린다.

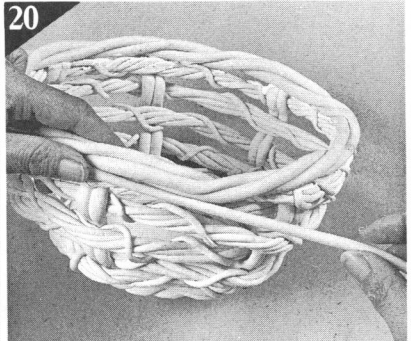

20

지름 7mm의 끈을 2줄 만들어 1줄을 19의 위치 바깥쪽에 붙인다.

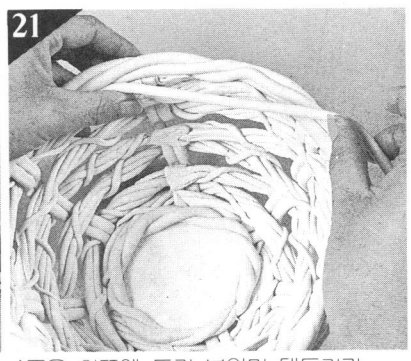

21

1줄은 안쪽에 돌려 붙이면 테두리가 3중으로 튼튼하다.

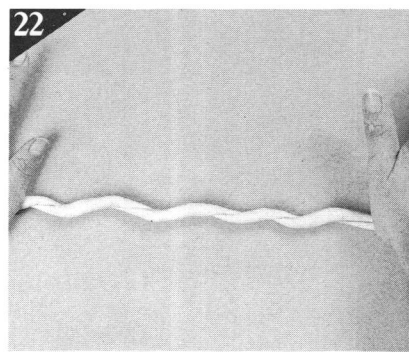
지름 8㎜의 끈과 철사를 함께 꼬아서
철사가 들어간 끈을 만든다.

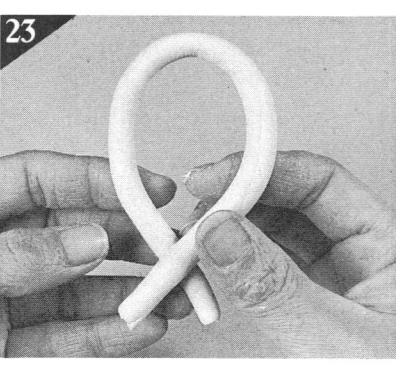
이등분하여 타원형으로 구부려서 끝을
교차시킨다(손잡이 고리).

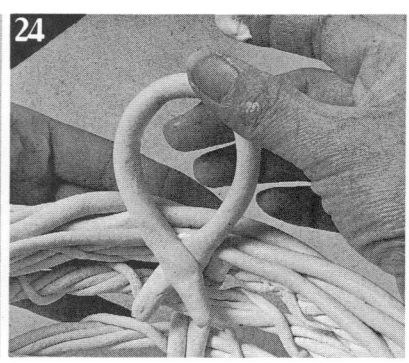
고리의 교차 부분에 본드를 칠하여 바
구니 안쪽에 붙인다.

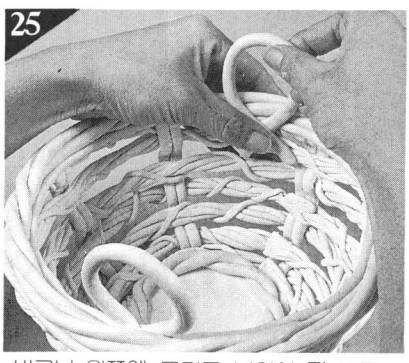
바구니 양쪽에 고리를 붙여서 잘 건조
시킨다.

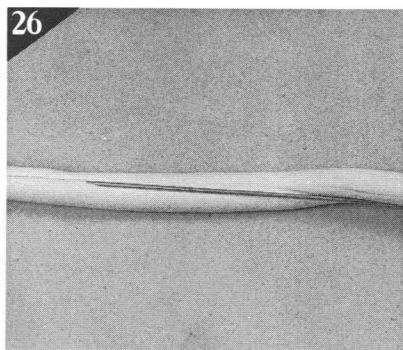
지름 1.2㎝의 끈에 철사를 넣는다(22
를 참조).

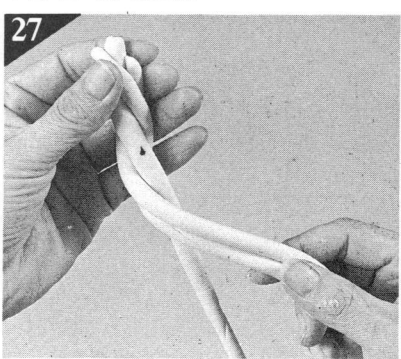
㉖의 끈을 심으로 하여 지름 7㎜의 끈
2줄을 함께 감는다.

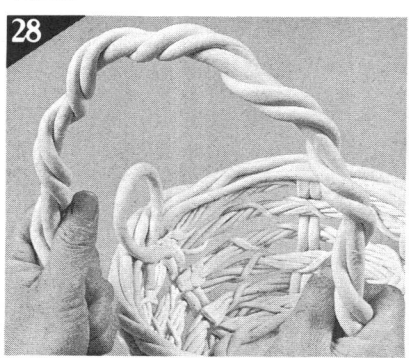
손잡이를 바구니의 폭에 맞추어 구부리
고 모양을 만든다.

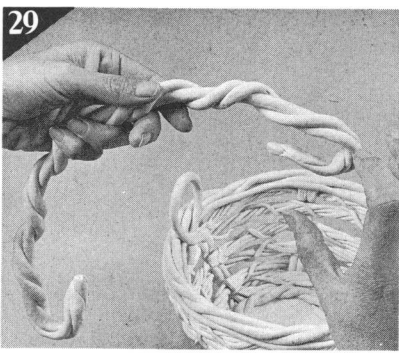
손잡이의 양쪽 끝을 고리에 걸 수 있게
구부린다.

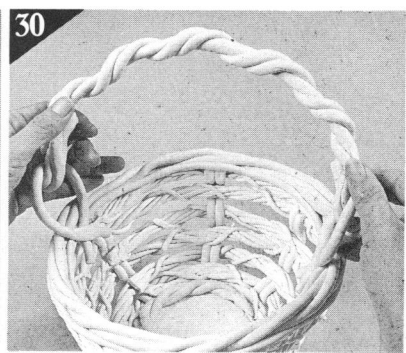
고리에 손잡이를 걸고 손잡이가 움직일
만한 여유를 준다.

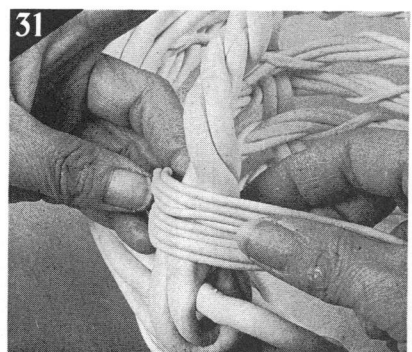
지름 2㎜ 정도의 가는 끈 8줄로 손잡
이의 구부린 곳을 감는다.

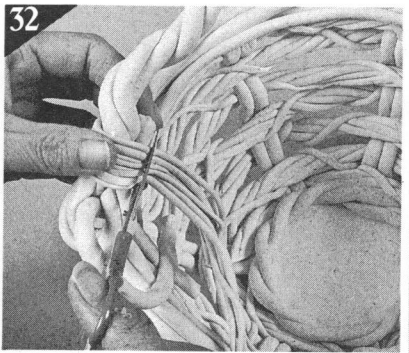
감은 끈의 여분은 손잡이 안쪽에서 자
르고 잘 매만진다.

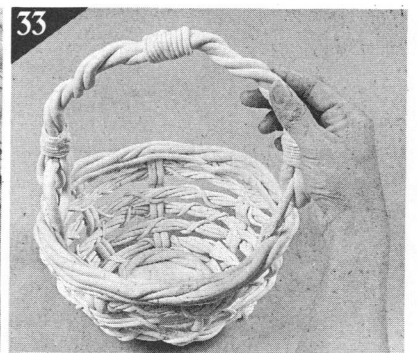
손잡이의 한가운데도 ㉛과 같은 끈을
감아서 완성한다.

사각형 바구니

■ **재료** 점토 1,000g, 철사(18 번) 1줄, 목공용 본드, 빈 상자, (25cm×20cm×7cm), 비닐, 밀대.

■ **제작의 포인트** 점토의 특성을 충분히 살린 기본형 바구니. 적당 량의 점토를 같은 굵기의 넓은 줄

로 만들고, 마르기 전에 엮어야 한다. 씨줄과 날줄은 서로 겹치는 밑부분에서 이어 준다. 손잡이에 는 철사를 넣는다. 틀에 대고 엮 으므로 손쉽게 점토를 다룰 수 있 다.

16cm
30cm

틀(빈 상자)을 비닐로 싼다.

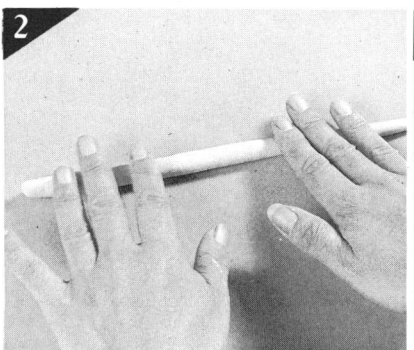
점토를 지름 1cm의 끈 모양으로 길게 늘린다.

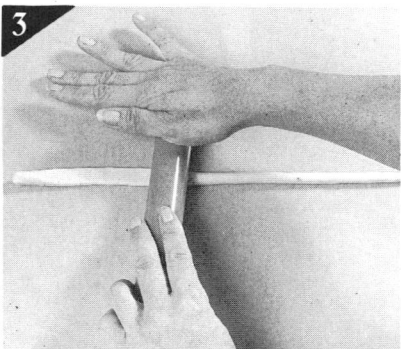
이것을 밀대로 눌러서 5mm 두께의 납작 한 끈을 만든다.

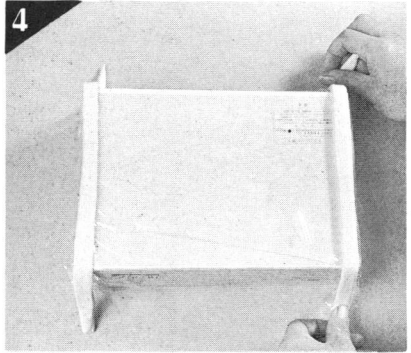
틀을 가로로 놓고 35cm 길이 날줄 5줄 을 나란히 놓는다.

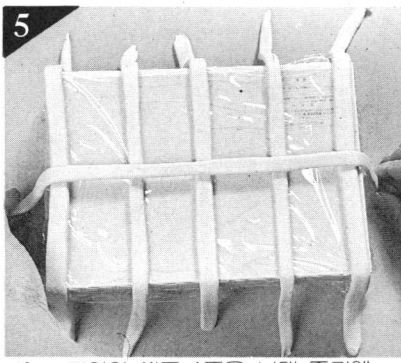
40cm 길이의 씨줄 1줄을 날대 중간에 가로 걸쳐 붙인다.

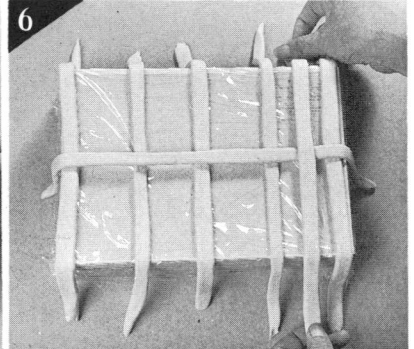
날대 사이에 같은 길이의 날대를 올려 놓는다(4줄).

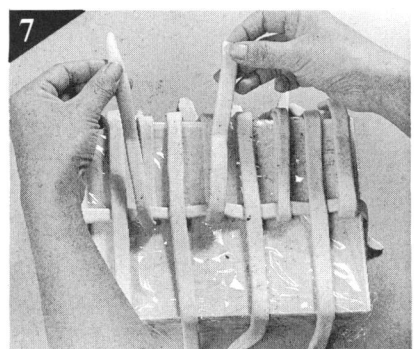
④의 날대를 중간의 씨줄 위로 젖힌다.

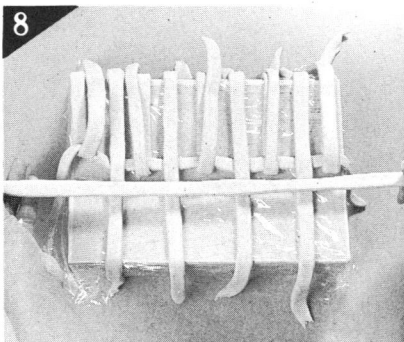
가로로 평행하게 1줄 더 놓는다.

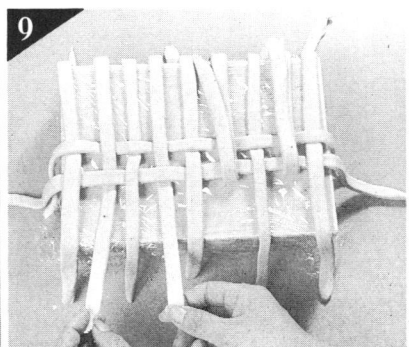
젖힌 날대를 다시 제자리로 하고, ⑥에 서 올려놓았던 날대를 젖힌다.

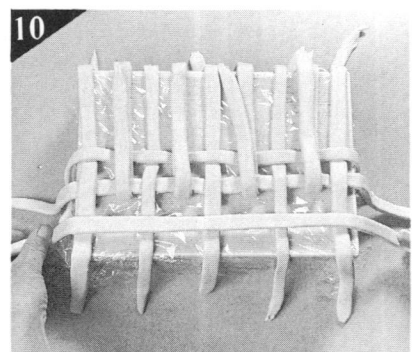

세로 날줄을 교대로 젖히면서 가로 줄을 놓아 바닥을 짠다.

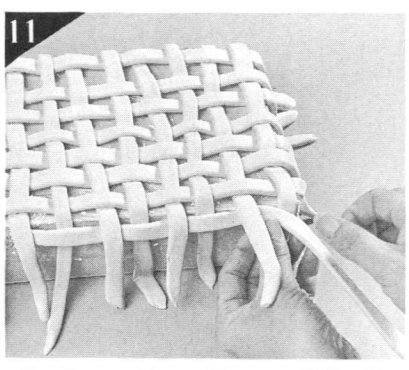

옆면은 바닥의 세로줄과 가로줄이 1줄씩 위아래로 엇갈리게 엮는다.

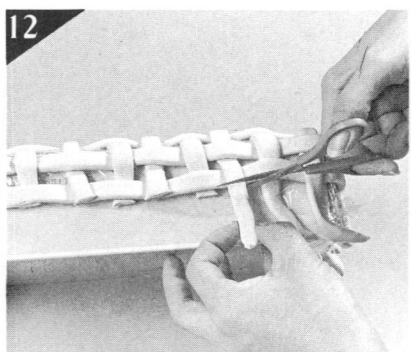

옆면을 2단만 엮고 남는 날대 끝을 잘라 내어 높이를 고르게 한다.

모양을 바르게 잡아 건조시킨 다음 틀을 빼낸다(본체의 완성).

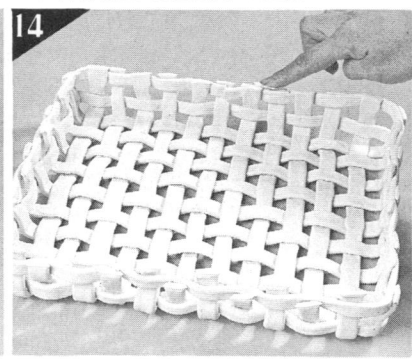

바구니 가장자리에 본드를 칠한다.

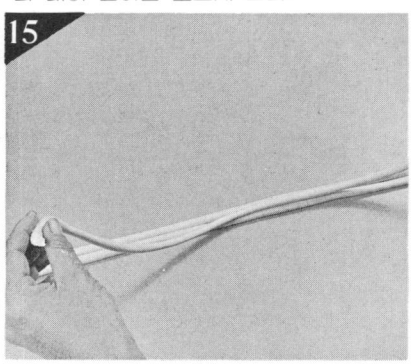

지름 8㎜의 끈을 3줄 만들어, 2줄은 나란히 합치고 1줄은 얹는다.

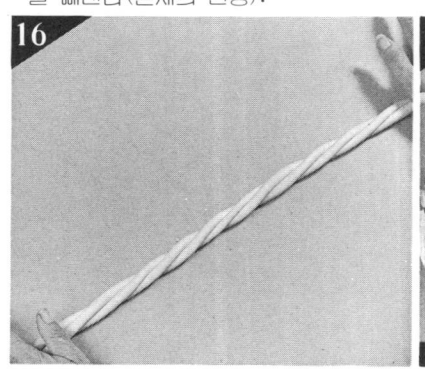

포갠 끈을 양끝에서부터 꼰다.

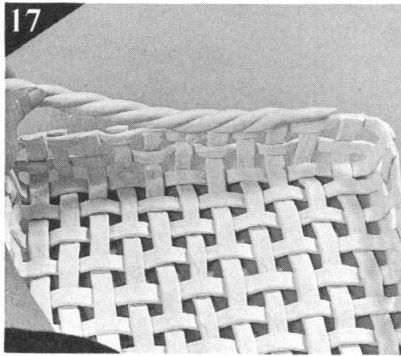

꼰 끈을 바구니 테두리에 붙인다.

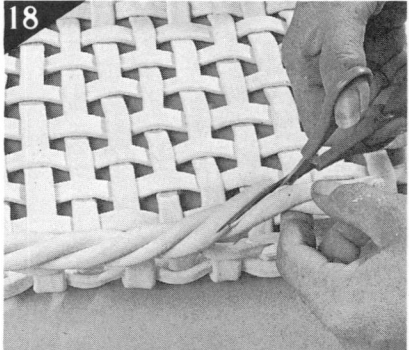

끈을 이을 때는 우선 꼰 방향으로 비스듬히 자른다.

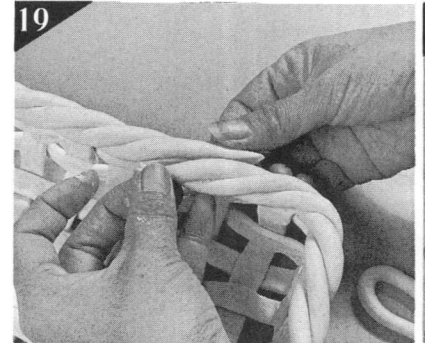

자른 면에 본드를 칠하여 이음매가 없도록 붙인다.

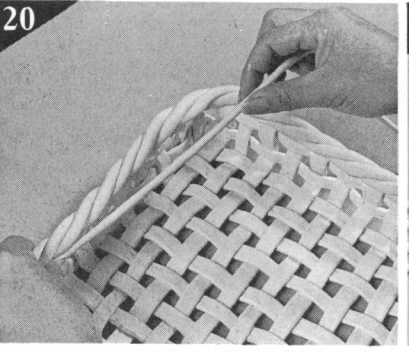

지름 5㎜의 끈을 만들어서 테두리 안쪽에 붙인다.

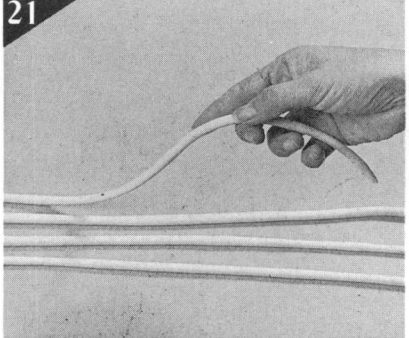

지름 5㎜의 끈을 50㎝ 길이로 4줄 만들어서 나란히 놓는다.

84

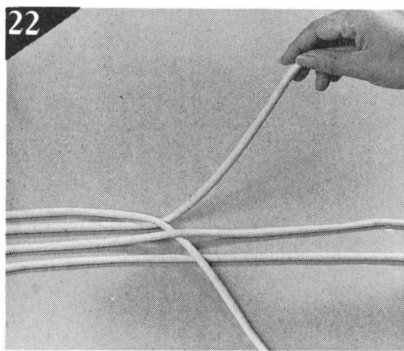

22 맨 오른쪽 1줄을 나머지 3줄의 위, 아래, 위를 지나 왼쪽으로 보낸다.

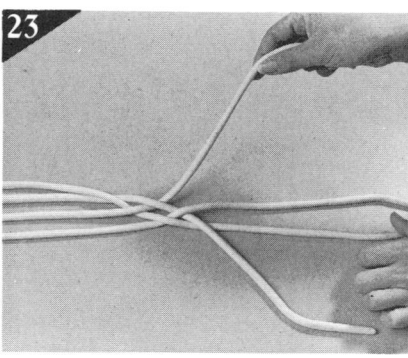

23 ㉒와 똑같은 방법으로 오른쪽 가장자리 1줄을 왼쪽으로 엮는다.

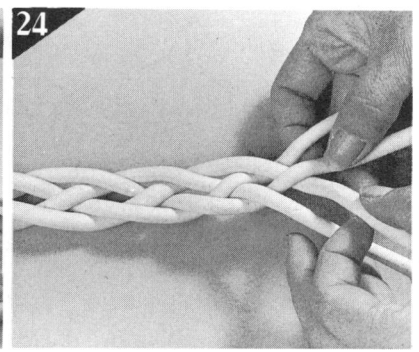

24 같은 방법으로 45㎝ 길이(철사 치수)가 되게 계속 땋는다.

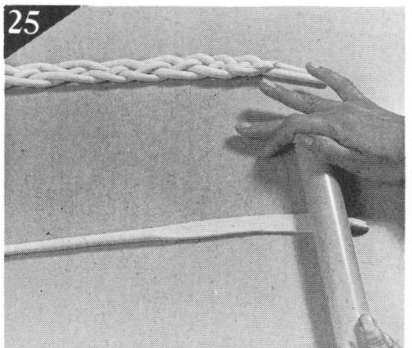

25 지름 8㎜의 끈을 폭 1㎝로 눌러 45㎝ 길이의 납작한 끈을 만든다.

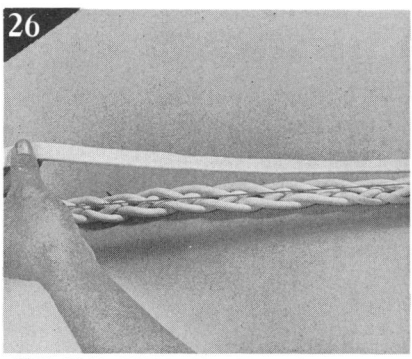

26 땋은 끈을 뒤집어 철사와 납작한 끈을 포갠다.

27 이것을 바구니의 폭에 맞게 살며시 구부린다.

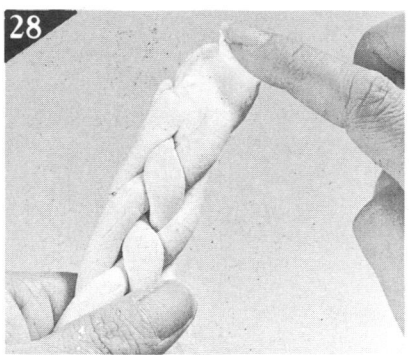

28 양끝에 본드를 칠한다.

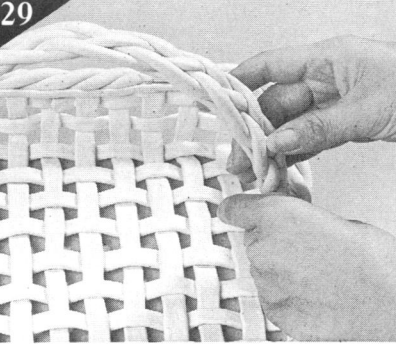

29 바구니 테두리 안쪽에 단단히 붙인다.

30 양손으로 손잡이의 모양을 다시 한번 바로 잡아 준다.

31 지름 8㎜, 길이 5㎝의 끈으로 손잡이 붙인 곳을 감아 튼튼히 한다.

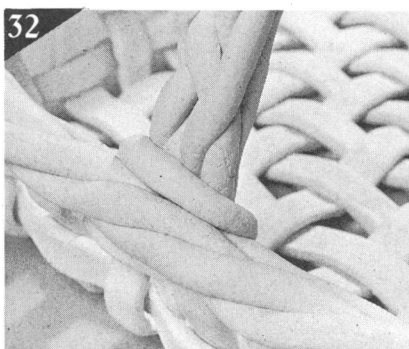

32 끈을 잘 눌러서 손잡이를 고정시킨다.

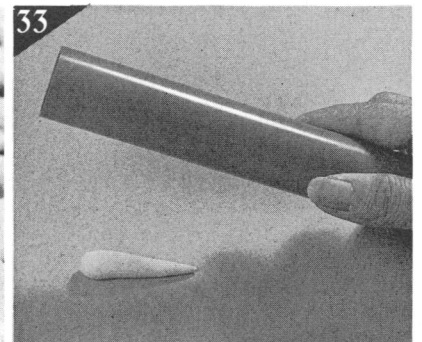

33 잎은 매실 크기의 점토를 물방울 모양으로 만들어서 밀대로 편다.

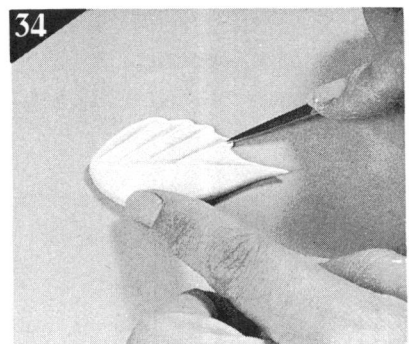
34 잎에 줄을 그어서 잎맥을 만든다.

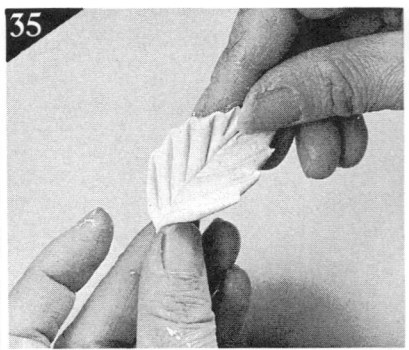
35 한가운데를 조금씩 집어서 잎의 느낌을 낸다. 6장을 만든다.

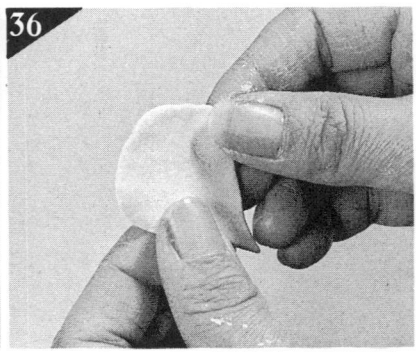
36 꽃잎도 잎과 같은 방법으로 가장자리만 손끝으로 더 얇게 편다.

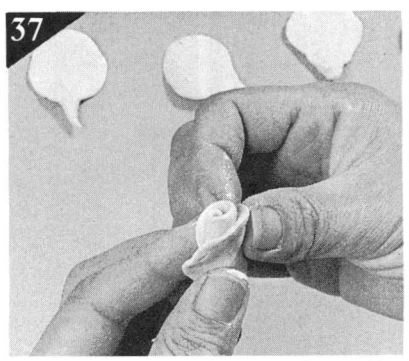
37 1송이당 12장의 꽃잎을 준비하고, 그 중 1장은 심으로 작게 만다.

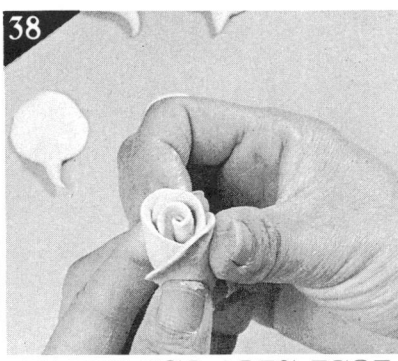
38 심의 둘레에 꽃잎을 소용돌이 모양으로 3장 붙이고 엇갈리게 3장 붙인다.

39 나머지 5장은 그 바깥쪽에 붙이고, 꽃 모양을 다듬는다.

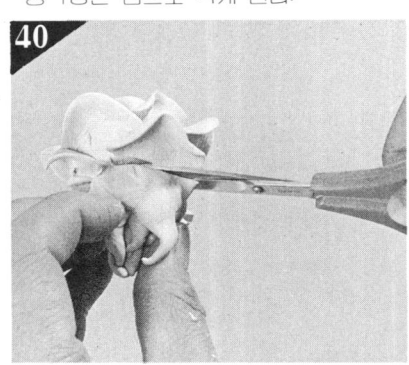
40 꽃의 높이가 2㎝ 되도록 밑부분을 잘라 낸다. 4송이를 만든다.

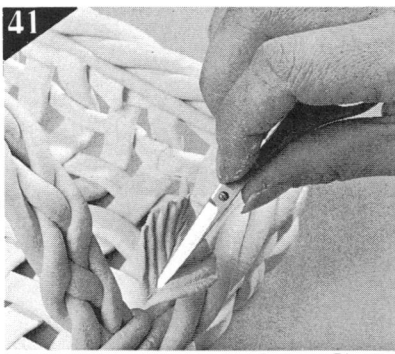
41 바구니의 손잡이 부분에 잎을 가위 끝으로 눌러 가며 붙인다.

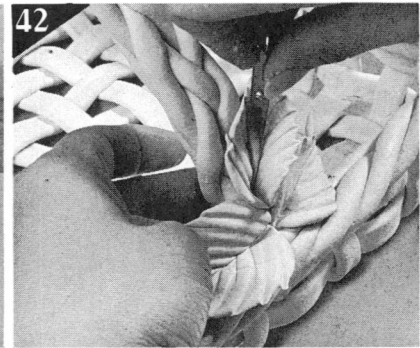
42 한쪽에 3장씩 보기 좋게 잎을 붙인다.

43 가위 끝으로 꽃의 밑부분을 찌른 다음 잎 위에 붙인다.

44 2송이의 꽃도 같은 요령으로 균형 있게 붙인다.

45 손잡이의 양쪽에 잎과 꽃을 붙이고 건 조시켜서 채색한다.

포도 장식의 바구니

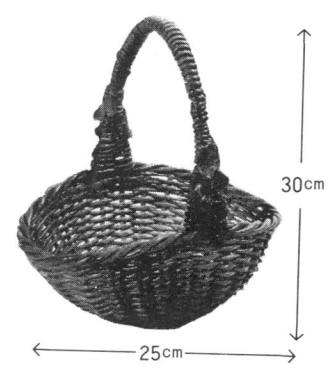

30cm

25cm

■ **재료** 점토 1,000g, 철사(18번), 틀, 비닐, 밀대, 보울(지름 20cm).

■ **제작의 포인트** 등공예와 같은 바구니다. 가는 끈을 되도록 일정한 굵기로 만들고, 날대가 구부러지지 않게 주의하여 엮어야 한다. 또, 바구니가 타원형이므로 완전히 마르기 전에 틀을 빼내서 형태를 잡아 준다.

1 틀에 비닐을 씌우고, 틀의 밑바닥과 같은 크기로 얇게 편 점토를 얹는다.

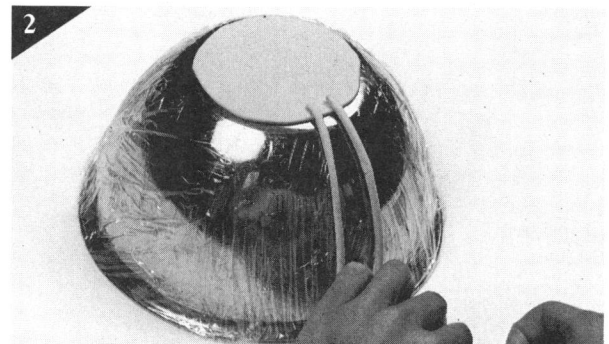

2 지름 0.6cm의 끈을 만들어 바닥으로부터 세로로 붙여서 날대를 짠다.

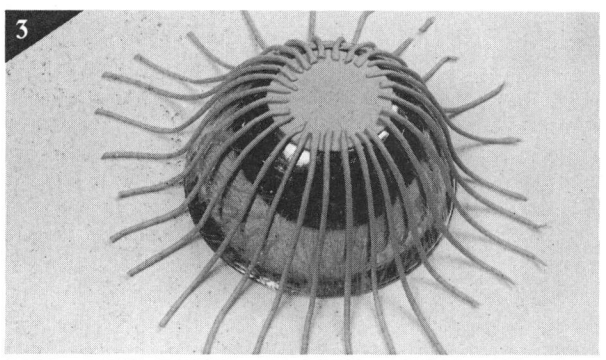

3 날대는 간격이 균등하게 모두 27줄을 배열한다. 날대는 반드시 홀수가 되게 한다.

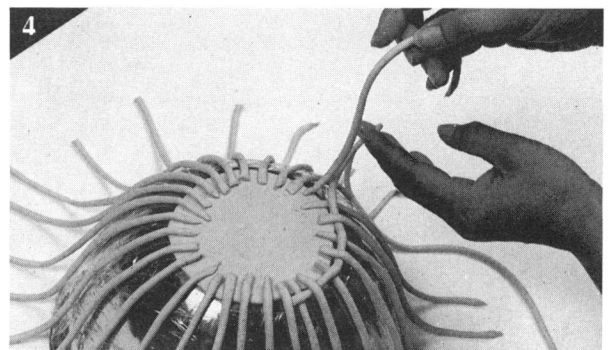

4 씨줄로 지름 0.6cm의 끈을 위아래로 엮어 나간다(막엮기).

5 씨줄의 사이가 뜨지 않게 바싹 붙여 주는 기분으로 엮는다.

6 날대를 들어 올리고 가로 줄을 손가락 끝으로 민다. 씨줄이 짧아지면 날대 밑으로 감춰지게 잇는다.

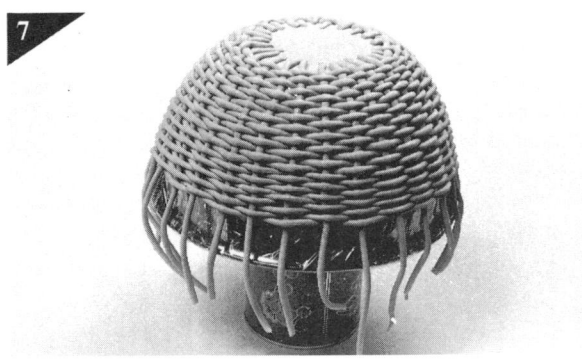

날대가 반듯하고 간격이 똑같게 주의하면서 깊이 15cm 까지 엮는다.

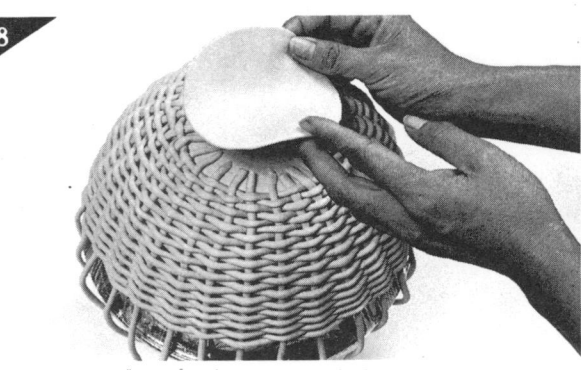

사진 ①과 똑같이 둥근 바닥을 올려놓는다.

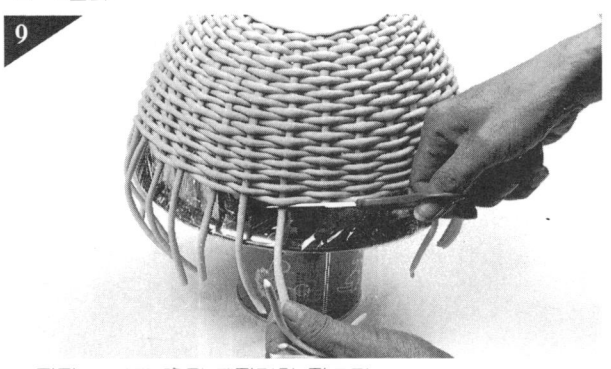

가장자리 날대 끝을 가지런히 자른다.

지름 0.8cm의 끈 2줄을 꼬아서 바닥의 둘레에 붙인다.

꼬인 결대로 비스듬히 잘라서 이음매가 나타나지 않게 끝을 붙인다.

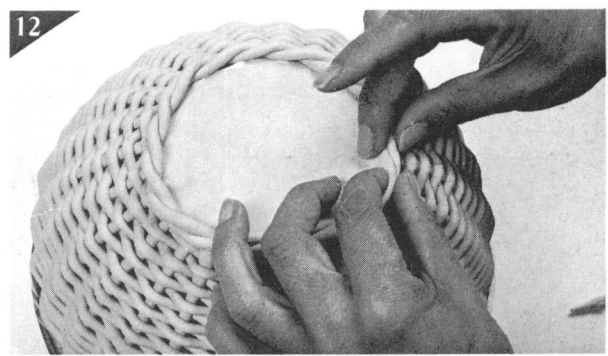

본드로 단단히 붙인다.

하루 정도 건조시켜서 겉이 마르면 틀을 빼고, 양손으로 눌러서 타원으로 형태를 잡는다.

테두리 둘레에 본드를 칠한다.

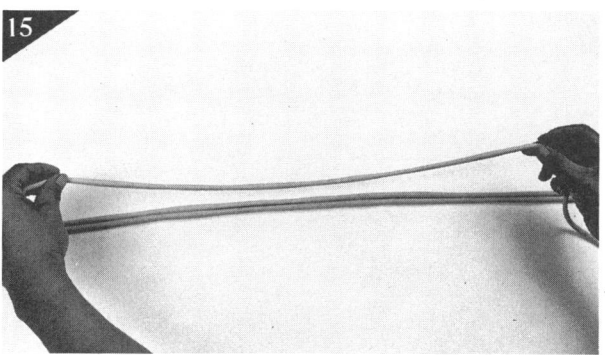

지름 0.8㎝의 끈을 바구니 둘레 길이만큼 만들어 2줄 위
에 1줄을 올려놓는다.

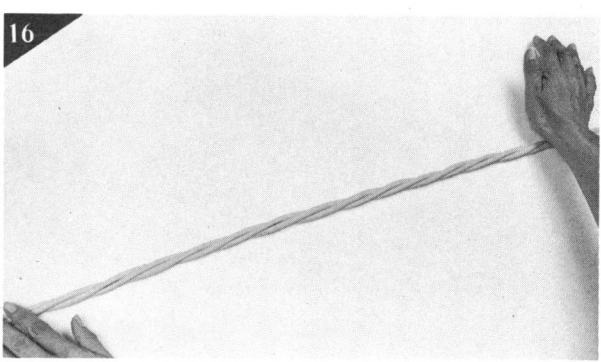

양손으로 꼰다.

테두리에 꼰 끈을 붙인다. 끝을 비스듬히 잘라 본드로 이
어 붙인다.

꼬인 결을 따라 붙이면 이음매가 나타나지 않는다.

안쪽 바닥의 둘레에 본드를 바른다.

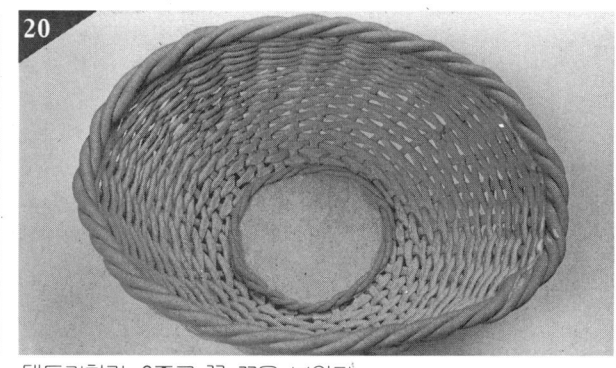

테두리처럼 2줄로 꼰 끈을 붙인다.

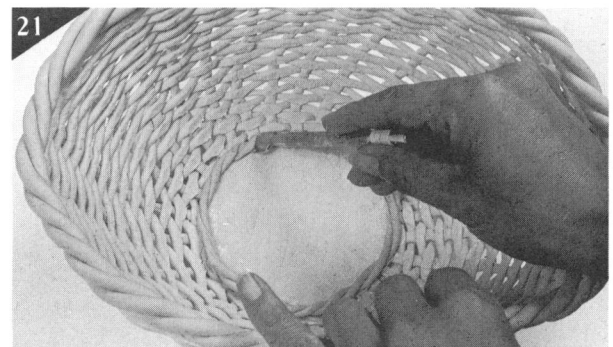

레이스 무늬찍기로 끈을 눌러 준다.

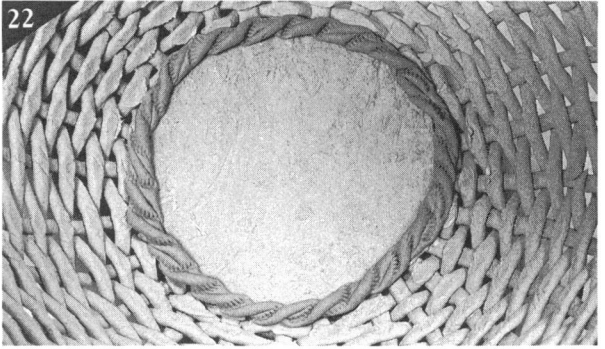

바닥에 잘 붙을 뿐만 아니라 장식 효과도 난다.

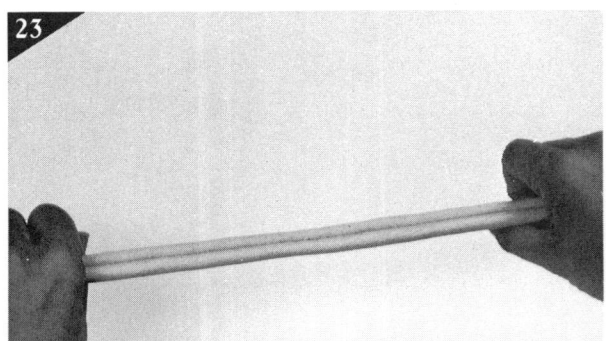

손잡이를 만든다. 지름 1㎝의 끈에 철사를 넣고 2줄을
합친다.

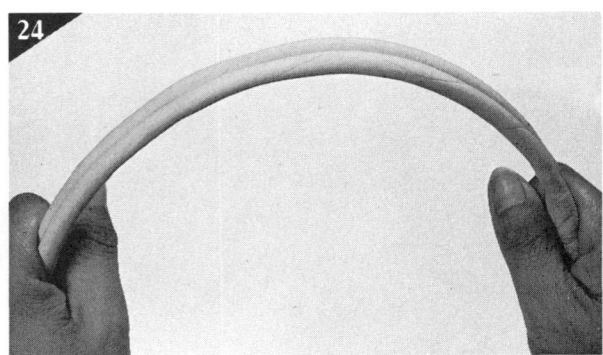

손잡이를 구부린다. 바구니의 폭에 맞게 반원으로 만든다.

양끝을 V자로 벌리고 본드를 칠한다.

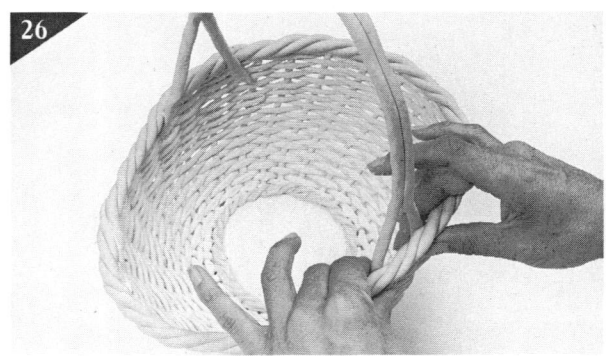

바구니 안쪽에 단단히 눌러서 붙인다.

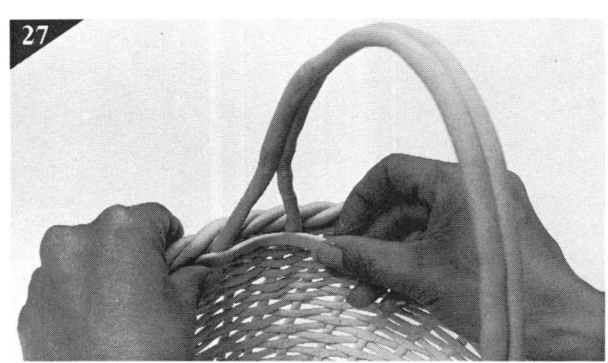

폭 1㎝, 길이 6㎝의 끈으로 붙인 곳을 가리고 보강을 겸
하여 눌러 붙인다.

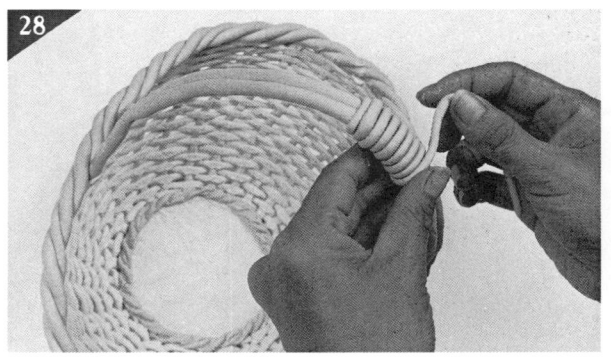

지름 0.3㎝의 끈으로 손잡이를 막감는다.

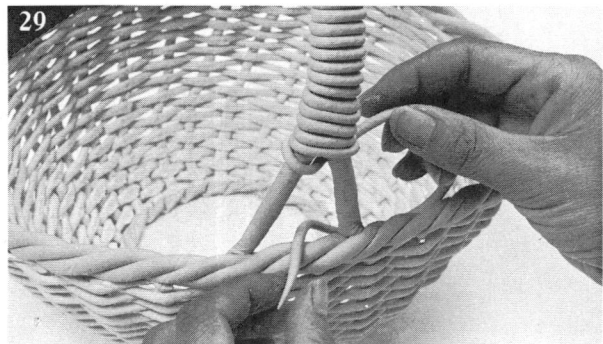

V자형 부분은 1줄씩 교대로 8자 모양으로 감는다.

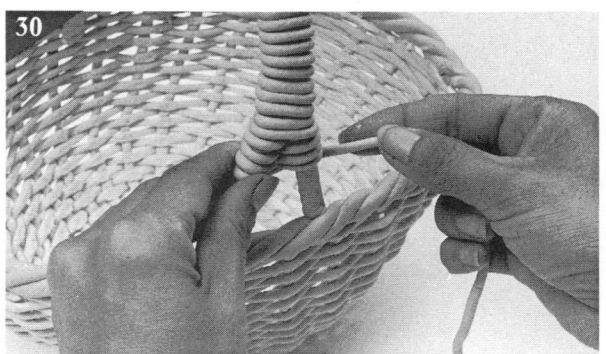

좌우가 나란히 감아지도록 주의하여 돌린다.

31

손잡이가 완성된 상태다. 감은 끈의 끝
은 안쪽에 붙인다.

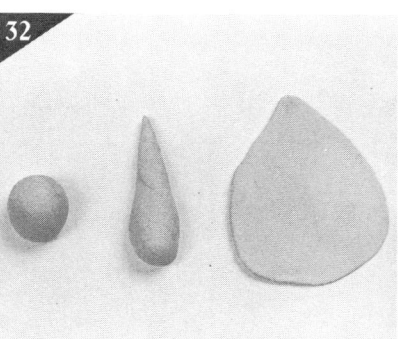

32

포도잎을 만든다. 포도알 크기의 점토
를 뭉쳐서 밀대로 편다.

33

잎을 잘라서 무늬찍기(또는 진짜 포도
잎)로 눌러서 잎맥을 찍는다.

34

잎자루를 만들고 잎끝을 비틀어 모양을
낸다.

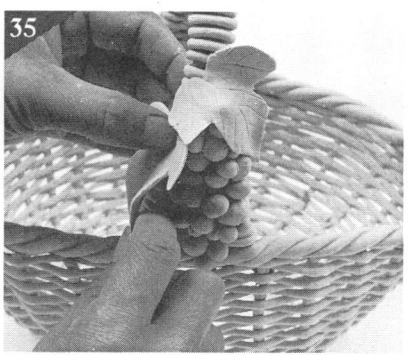

35

포도알은 큰 콩알 크기 정도로 만들어
서 많이 붙이고 잎을 배치한다.

36

손잡이 윗부분에 덩굴을 감고 완전히
건조시킨다.

37

그림 물감은 하얀 팔레트에서 섞어 원
하는 색을 만든다.

38

바구니는 블루 계통으로 칠하고, 잎은
녹색과 갈색을 칠한다.

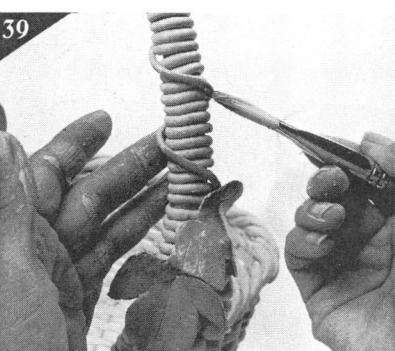

39

덩굴은 녹색을 칠한다.

40

포도알은 빨강과 파랑으로 변화를 주어
서 칠한다.

꽃장식이 있는 와인 바구니 ——— 사진 13p

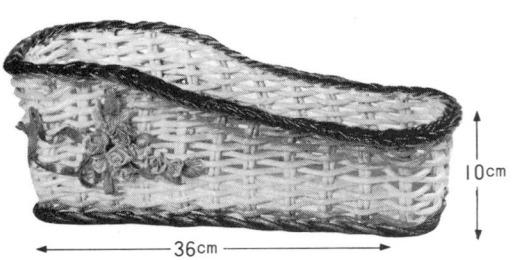

■ **재료** 점토 1000g, 화장지 상자, 비닐, 밀대, 가위.
■ **제작의 포인트** 만드는 방법은 등공예의 와인 바구니와 같다. 본체는 틀로 쓸 화장지 상자를 빼내기 전에 가위로 비스듬히 자른다. 양면에 장식한 작은 장미 다발에서 흘러내리는 리본이 우아하다.

화장지 상자를 비닐로 싸고 점토 120g을 두께 0.1cm 로 얇게 펴서 상자에 얹고 형태를 잡는다.

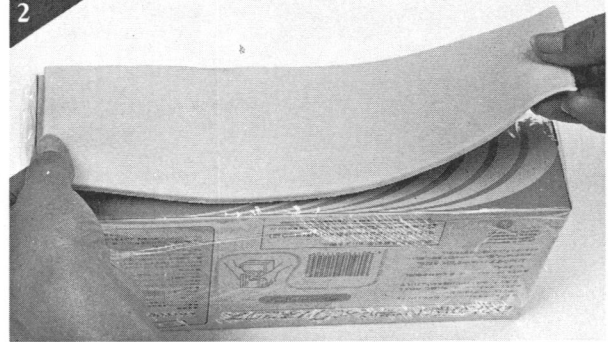

바닥과 같은 크기로 자른다.

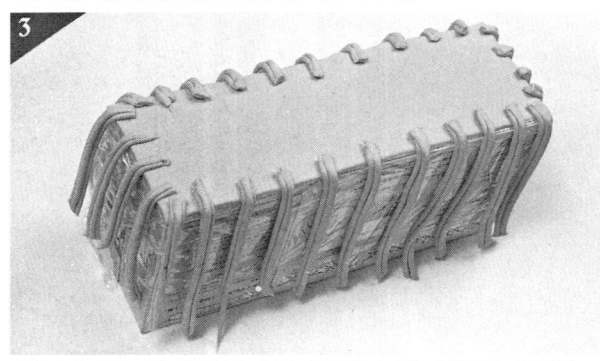

지름 0.6cm의 끈으로 2줄 1조의 날대 29조를 배열한 다.

가로 끈도 지름 0.6cm의 끈으로 막엮기한다.

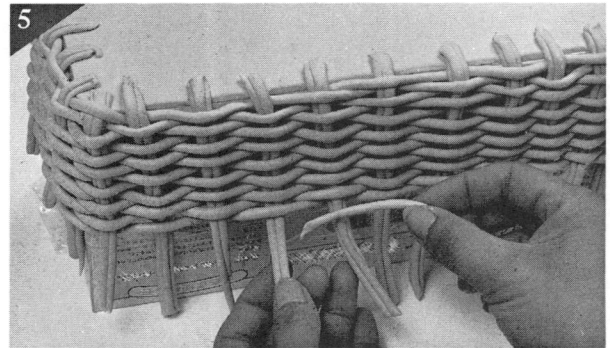

7cm 정도의 깊이가 되면 비스듬히 깊어지는 부분만을 더 엮는다.

경사지게 5단을 더 엮어서 옆면을 완성한다.

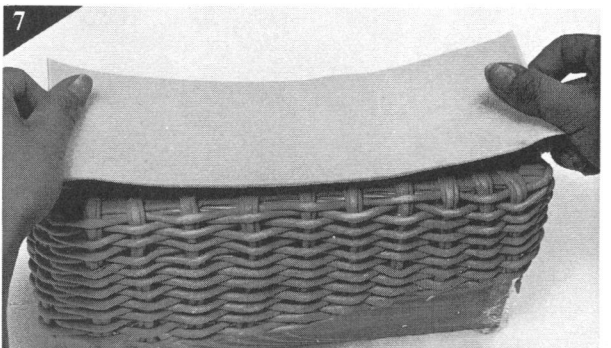

바닥을 얹고 잘 눌러서 붙인다.

바닥 가장자리에 2줄로 꼰 끈을 한 바퀴 돌려 붙인다.

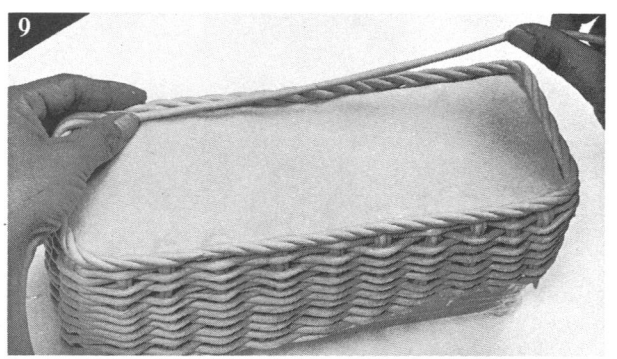

그 안쪽에 다시 지름 0.6cm의 끈을 1줄 나란히 붙인다.

꼰 줄로 바닥의 틈새를 감추면 튼튼하게 보강이 된다.

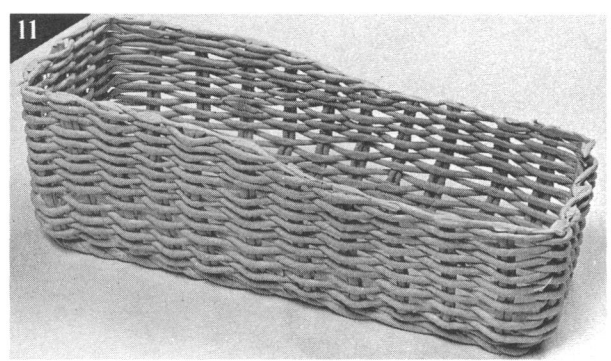

본체의 가장자리를 곡선으로 가지런히 자르고 건조 후 틀을 뺀다.

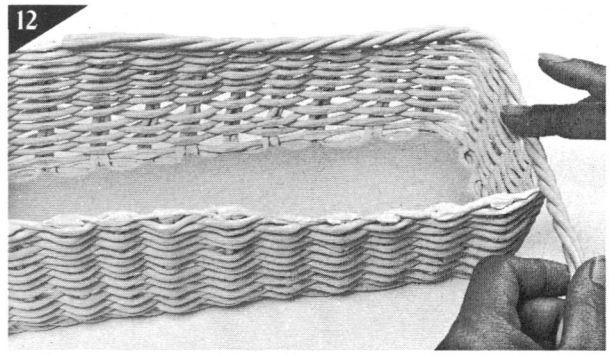

가장자리에 본드를 칠하고 지름 0.8cm의 끈 2줄을 꼬아서 테두리로 붙인다.

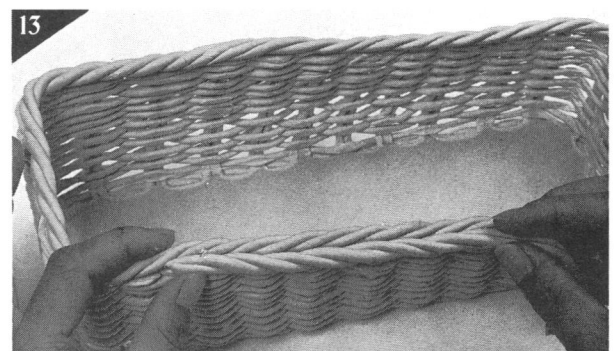

외곽에 안쪽 테두리와 반대 방향으로 꼰 끈을 붙인다. 테두리에 깃털무늬가 나타난다.

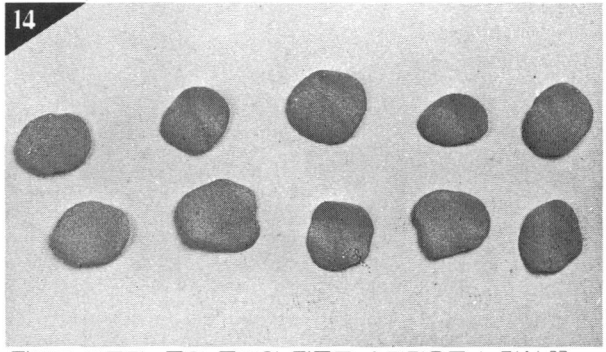

장미를 만든다. 콩알 크기의 점토를 손가락으로 눌러서 꽃잎 모양으로 10장 정도 만든다.

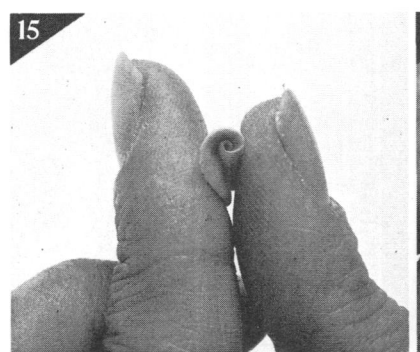

15 1장의 꽃잎을 돌돌 말아서 중심으로 한다.

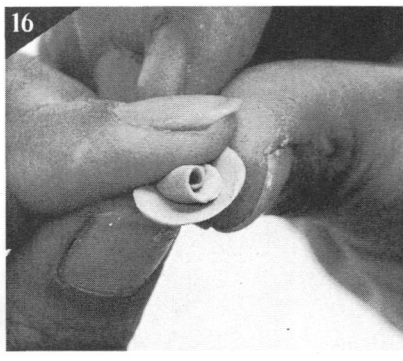

16 중심의 꽃잎을 감싸서 1장의 꽃잎을 만든다.

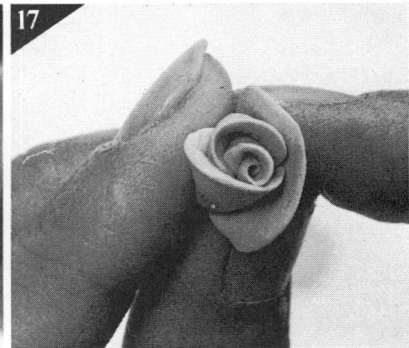

17 3장으로 한 바퀴 감싼다.

18 3장의 둘레에 또다시 3장의 꽃잎을 붙인다.

19 세번째로 또 3장의 꽃잎을 주위에 붙인다.

20 꽃잎 끝을 바깥쪽으로 적당히 구부려 꽃모양을 만든다.

21 꽃의 크기와 알맞게 콩알 크기의 점토를 방울모양으로 하여 잎을 만든다.

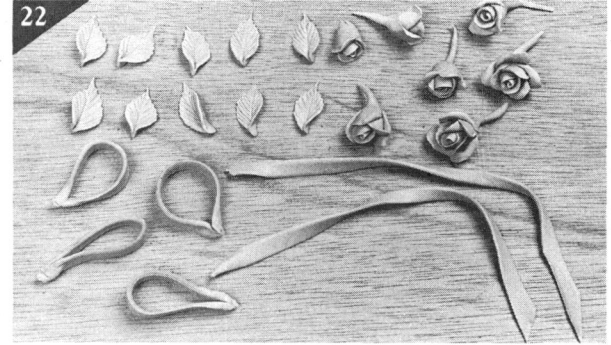

22 잎 10장, 꽃 7송이, 리본 고리 4개, 끈 2줄을 2쌍 준비한다.

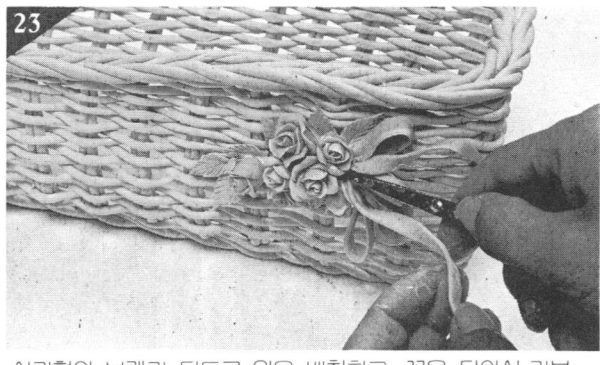

23 삼각형의 부케가 되도록 잎을 배치하고, 꽃을 달아서 리본으로 묶은 것처럼 디자인한다.

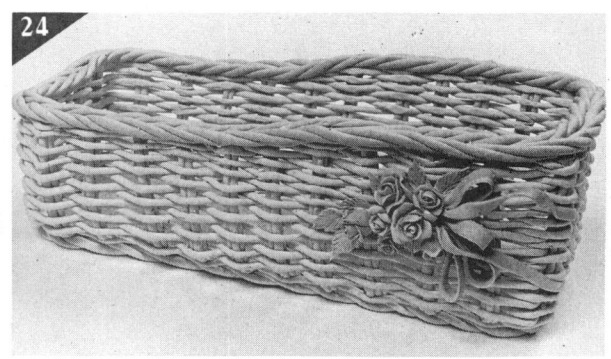

24 양쪽에 똑같이 장식하고 잘 건조시켜서 채색한다.

장미 장식의 벽걸이

■ **재료** 점토 700g, 화장지, 가위, 비닐, 레이스 무늬찍기, 칼, 이쑤시게.

■ **제작의 포인트** 이태리 도자기의 꽃을 연상시키는 예쁜 장미 장식의 벽걸이다. 주머니가 볼륨있게 보이도록 화장지를 뭉쳐 넣었다. 전체가 가볍게 보이도록 레이스의 분량을 잘 조절해야 한다. 길이의 1.5배로 주름을 잡는다.

손잡이가 처음에는 쉽게 붙지만 건조 후 밀어질 것 같으면 미리 본드로 붙인다.

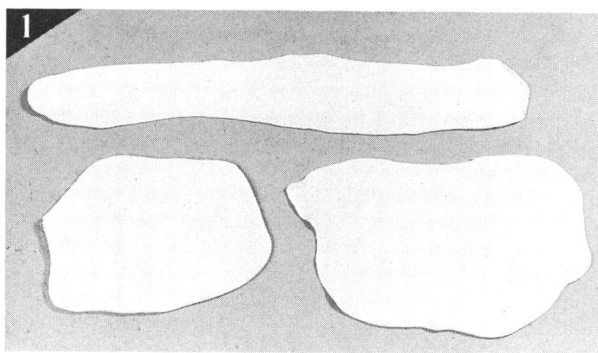

점토를 두께 3㎜ 정도로 펴서 9㎝×18㎝(상), 9㎝×12㎝(하), 5㎝×28㎝(레이스) 크기로 준비한다.

레이스의 한쪽을 커트 자르기로 자르고, 그 안쪽에 레이스 무늬를 찍는다.

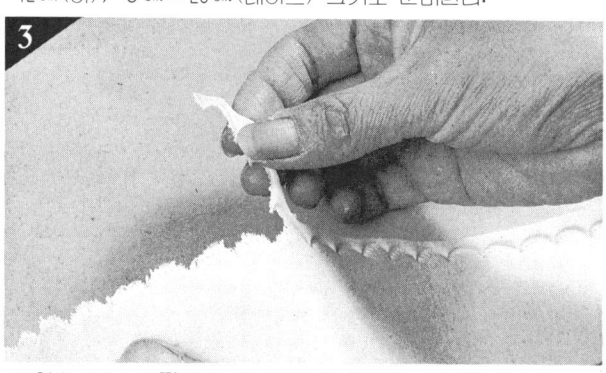

레이스 무늬 바깥쪽을 손가락으로 뜯어서 가장자리를 부채꼴이나 물결 모양으로 만든다.

레이스의 끝단에 꽃 무늬를 찍는다.

다시 이쑤시개 5,6개를 다발로 하여 꼭꼭 찍어서 레이스 무늬를 만든다.

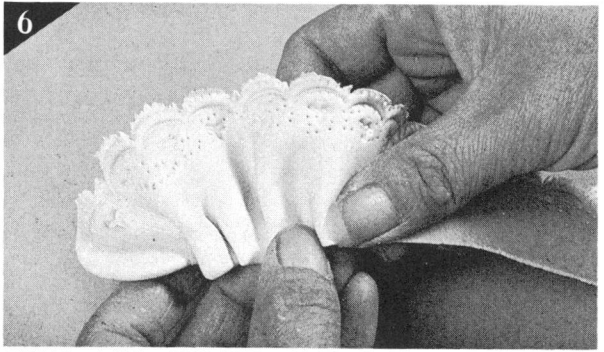

레이스는 붙이는 쪽을 접으면서 주름을 잡는다. 붙일 곳의 1.5배 길이로 주름 잡는 게 좋다.

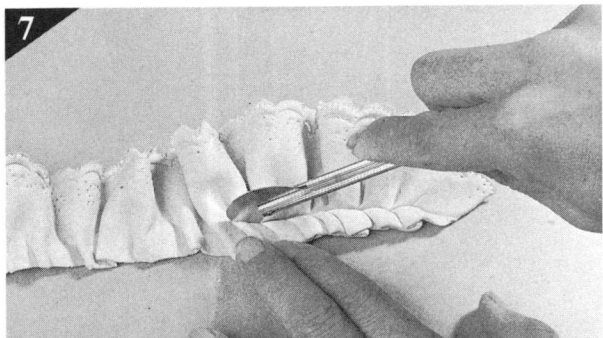

주름 위를 점토 칼로 폭을 자른다.

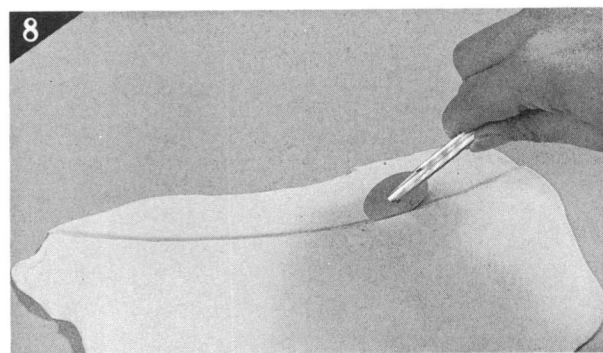

주머니(①의 윗 부분)의 윗 부분을 완만한 곡선으로 자른다.

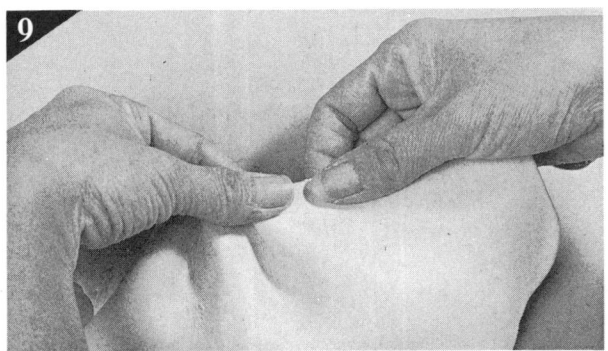

자른 쪽을 성글게 주름 잡는다.

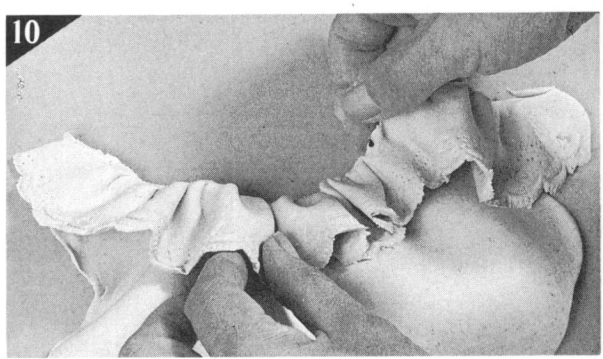

주머니 위쪽에 주름을 잡아둔 레이스를 붙인다.

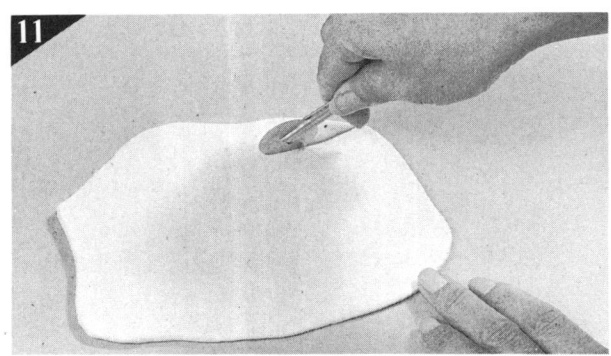

토대(①의 아랫 부분)의 위쪽도 완만한 곡선으로 자른다.

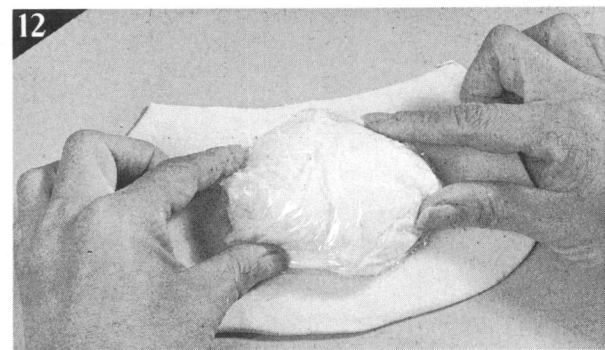

화장지 2장을 뭉쳐서 비닐로 싸고 토대의 중앙에 놓는다.

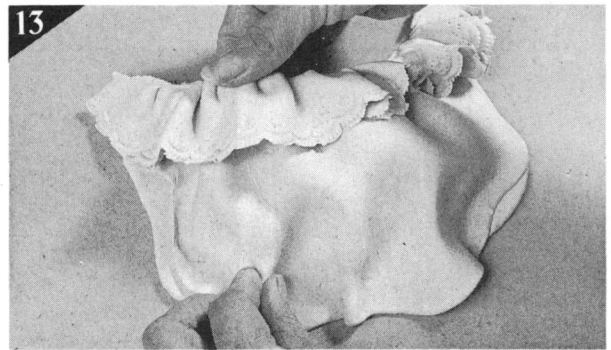

토대에 주머니를 포개고, 위쪽이 예쁘게 부풀도록 둘레를 줄인다.

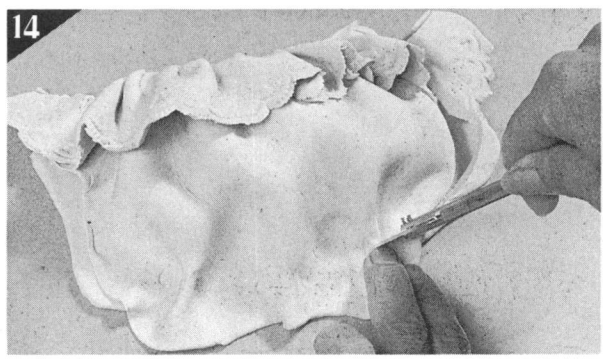

가장자리는 포켓 모양이 되게 자르기로 잘라 낸다.

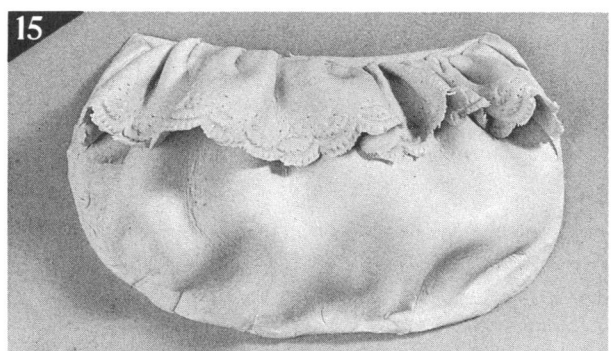

본체가 완성되었다.

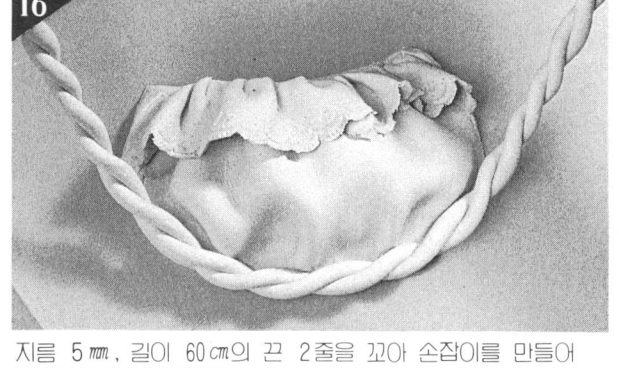

지름 5㎜, 길이 60㎝의 끈 2줄을 꼬아 손잡이를 만들어 주머니 둘레에 붙인다.

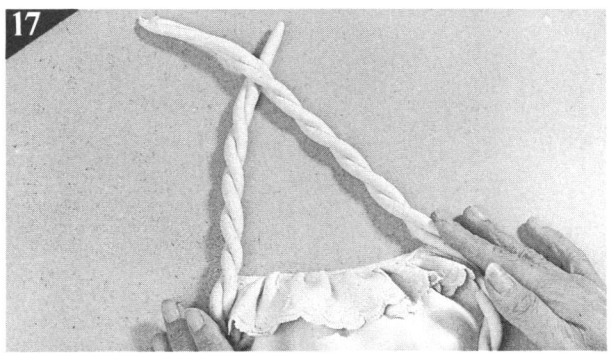

본체와 손잡이가 떨어지지 않게 단단히 눌러서 붙이고 손 잡이는 위에서 교차시킨다.

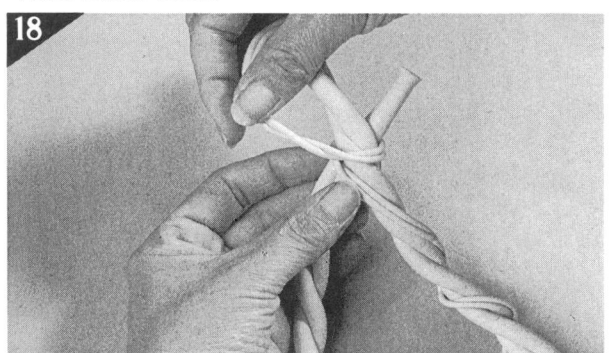

지름 3㎜ 정도의 가는 끈을 만들어 손잡이에 꼬인 방향과 과 반대로 감는다.

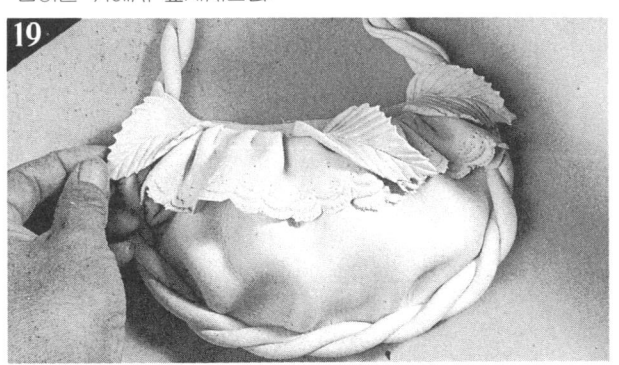

잎은 106페이지를 참조하여 5장 만들어 레이스 위에 예 쁘게 붙인다.

장미는 106페이지를 참조하여 5송이 만들고, 잎과 균형이 잘 맞는 위치에 붙인다.

모양을 바로 잡고 건조시킨다(2일 정도). 사진 15페이지 와107페이지를 참조하여 착색한다.

97

꽃의 릴리프 — 사진 15p

■ **재료** 점토 350g, 릴리프 판(13cm×29cm), 밀대, 목공용 본드, 화장지, 비닐.

■ **제작의 포인트** 릴리프 판에 붙이는 점토는 손가락 끝으로 찍어 바르듯 거칠게 붙인다. 반대로 바구니와 꽃,

리본은 섬세하게 만든다. 잎, 리본을 만들고 있는 사이에 릴리프 판과 바구니의 점토는 조금 건조하게 되므로 본드로 단단히 붙인다. 채색은 엷게 하여 귀여운 느낌이 들게 한다.

29 cm

13cm

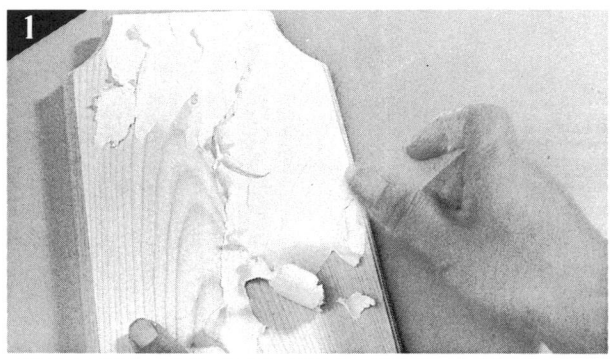

점토를 릴리프 판에 손가락 끝으로 얇게 펴면서 거칠게 붙인다.

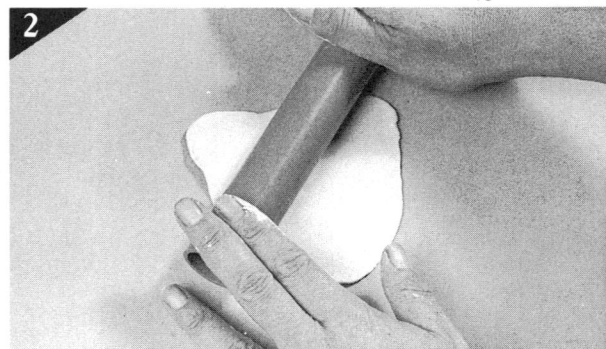

점토 두께는 3㎜ 정도, 크기는 8㎝ 사각형을 만들 수 있을 정도로 편다(토대가 됨).

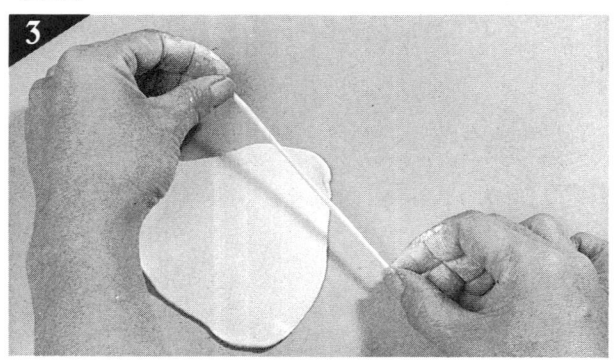

지름 3㎜의 가는 끈을 토대 위에 사선으로 붙인다.

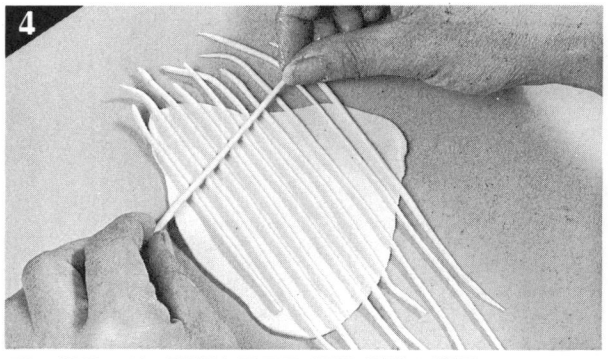

가는 끈을 계속 평행이 되도록 토대 위에 붙인다.

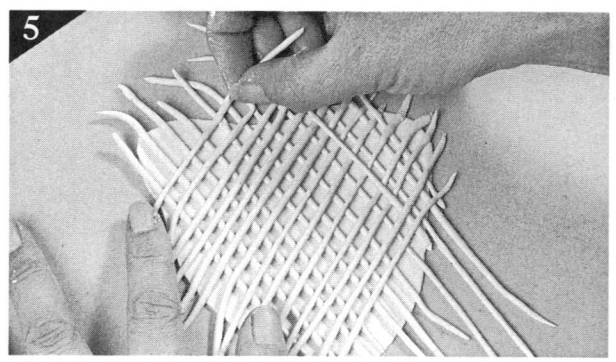

④ 위에 역시 가는 끈을 교차시키며 붙인다.

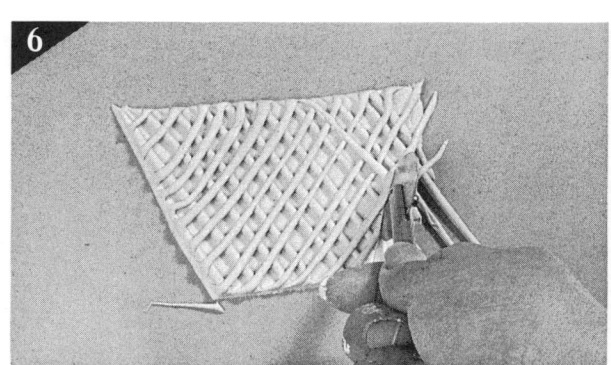

점토 칼로 바구니 형태로 자른다.

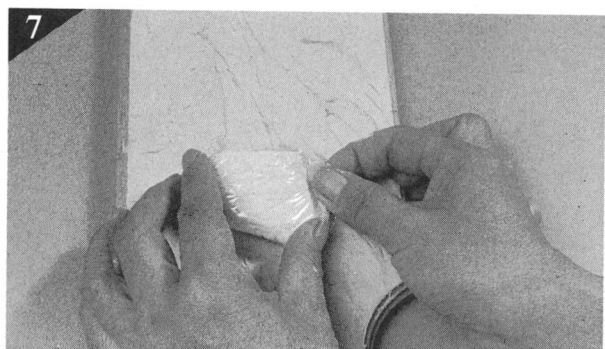

화장지를 작게 뭉쳐서 비닐로 싸고, 릴리프 판 아래에서부터 1/3 위치에 놓는다.

⑦ 위에 ⑥의 바구니 본체를 얹고, 윗 부분만 남기고 둘레를 눌러 붙인다.

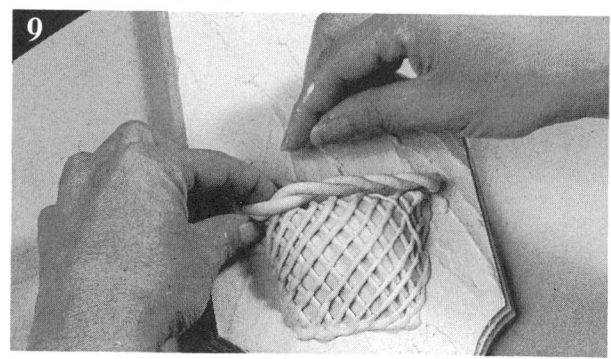

지름 5mm의 끈을 2줄 꼬아서 바구니의 가장자리에 붙이고 테두리를 만든다.

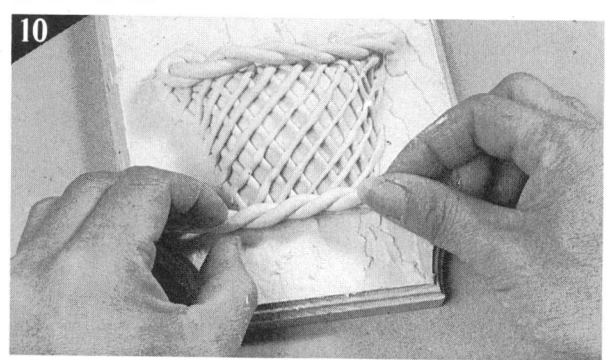

테두리와 똑같이 꼰 끈을 바닥에도 붙인다.

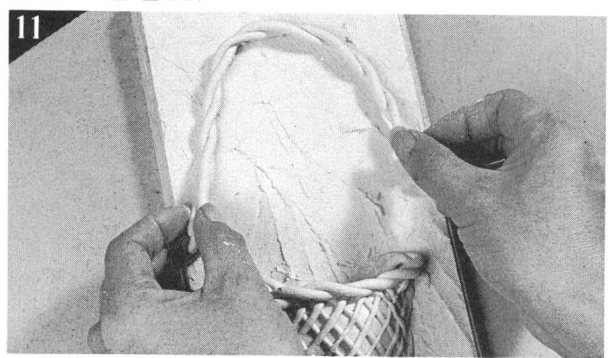

손잡이로 꼰 끈 20cm를 바구니 폭에 맞추어 구부리고, 테두리에서 2cm 정도 띄어 릴리프 판에 붙인다.

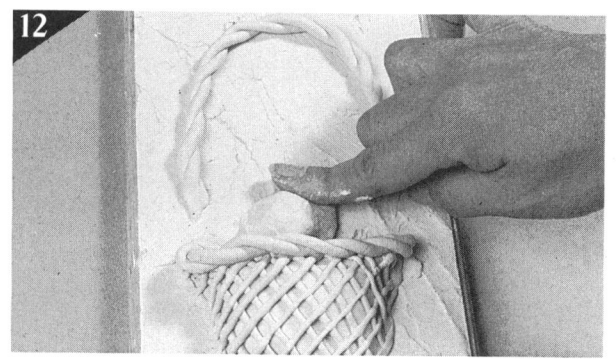

바구니 위의 릴리프 판에 매실 정도 크기의 점토를 붙인다.

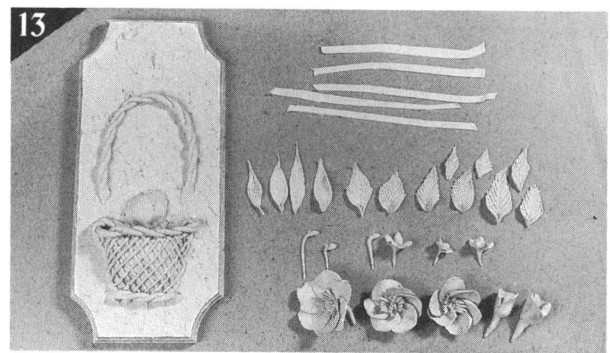

큰 꽃과 작은 꽃, 잎, 리본은 56페이지를, 꽃봉오리는 64페이지를 참조하여 만든다.

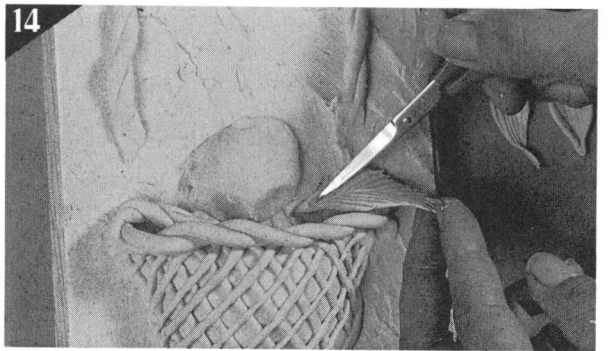

잎 뒤에 본드를 칠해서 바구니 테두리 안쪽에서 바깥쪽을 향해 붙인다.

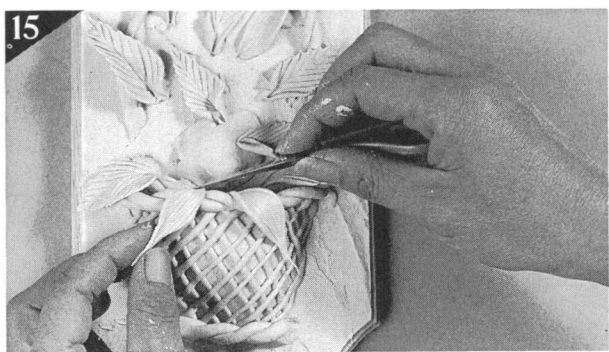

전체와의 균형을 고려해 잎을 붙인다.

꽃은 바구니 테두리에 가깝게 불쑥 튀어 나오도록
붙인다.

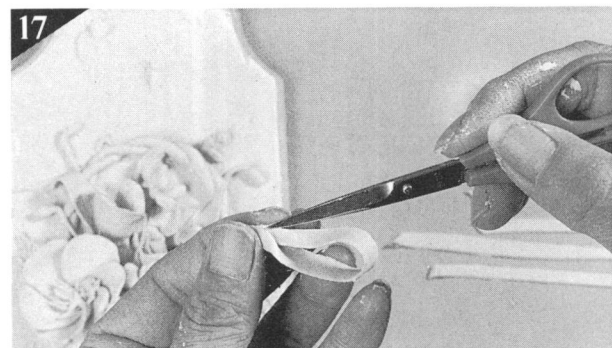

바구니의 오른쪽에 리본의 묶은 부분을 붙인다.

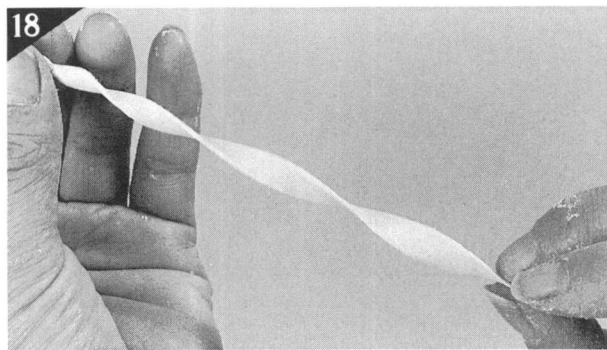

리본의 늘어진 끈은 조금 꼬아서 자연스럽게 만든다.

전체적인 모양을 살피며 건조시키고, 15·107페이지
의 방법을 참조하여 착색한다.

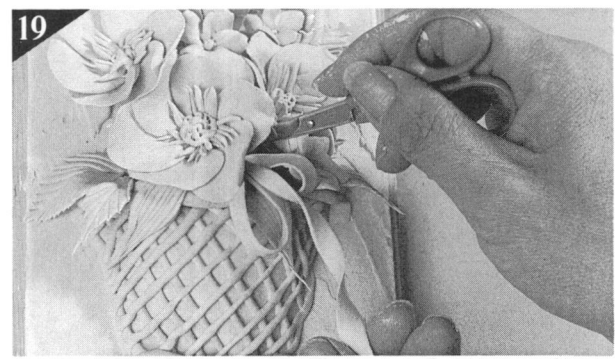

리본의 끈을 묶은 부분과 이어지도록 모양을 잡아서 붙인
다.

사슬 바구니

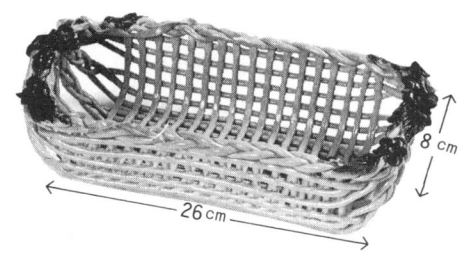

■ **재료**　점토 700g, 직육면체의 그릇(22cm×12cm×6cm), 밀대, 비닐, 가위.

■ **제작의 포인트**　끈을 가로와 세로로 일정한 간격으로 얹어 놓기만 하는 것이므로 건조하지 않도록 주의한다.　끈이 겹치는 부분은 손으로 눌러 단단히 붙인다.　옆면도 바닥과 같은 간격으로 붙인다.　가장자리의 끈을 땔 때는 너무 잡아당기지 않도록 한다.

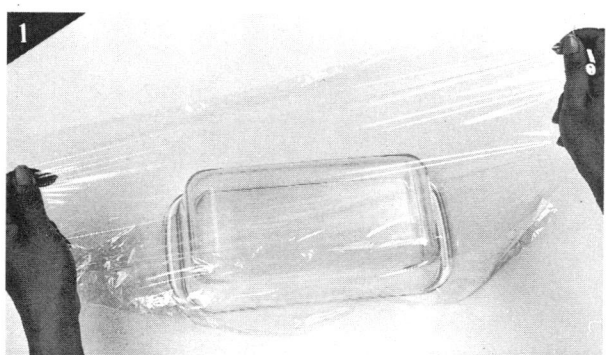

사각형의 그릇을 비닐로 싼다.

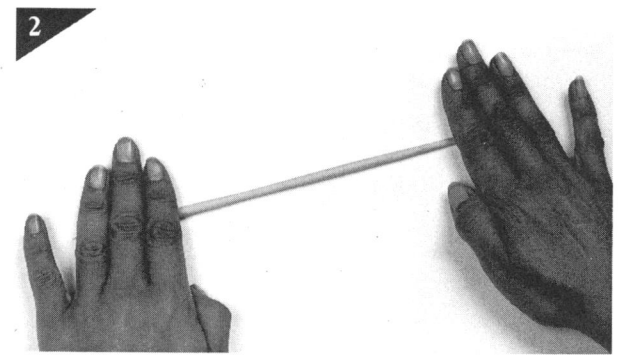

점토를 비벼서 지름 0.6cm 정도의 끈을 만든다.

가장자리에서부터 세로로 끈을 얹어 놓는다.

끈의 간격을 균등하게 약 1.5cm씩 띠어서 얹어 간다.

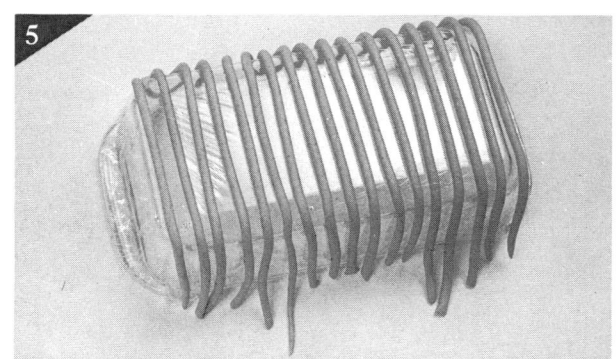

세로로 모두 17줄을 나란히 놓는다.

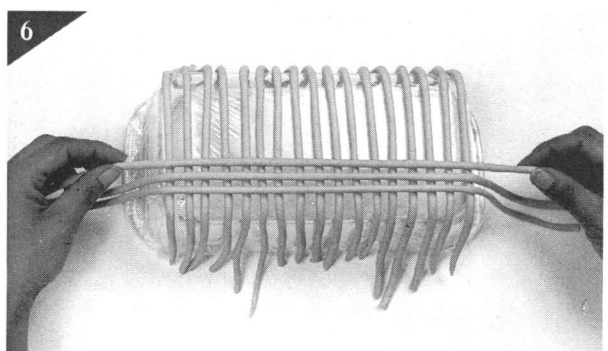

세로와 똑같은 간격으로 가로로 늘어놓는다.

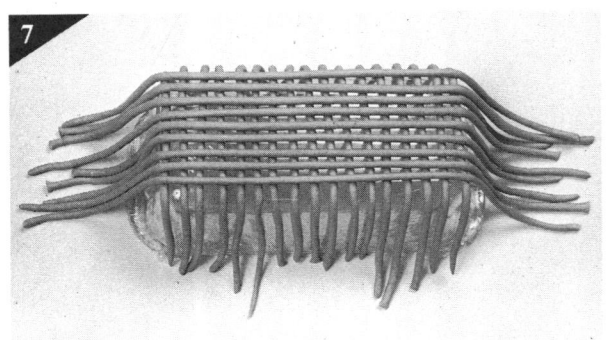

가장자리까지 모두 9줄을 얹어 놓는다.

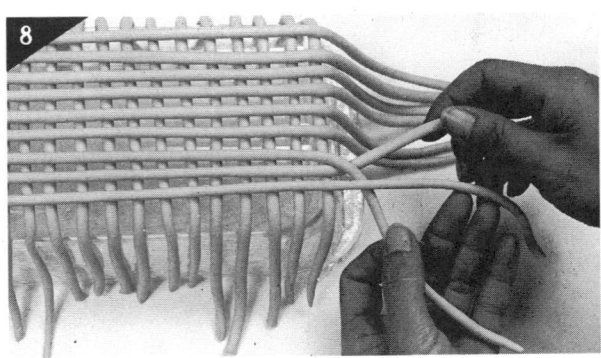

가로 끈 3줄씩을 바닥 가장자리로부터 끝 쪽으로 땋는다.

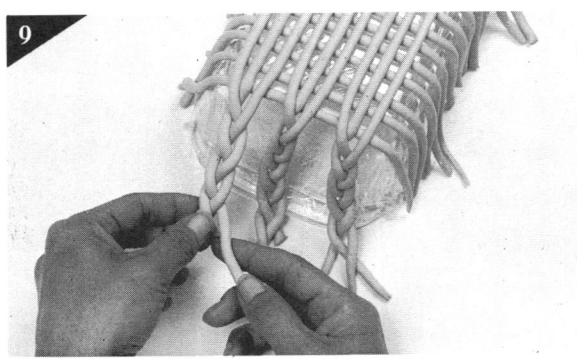

양쪽 모두 3줄씩 땋는다.

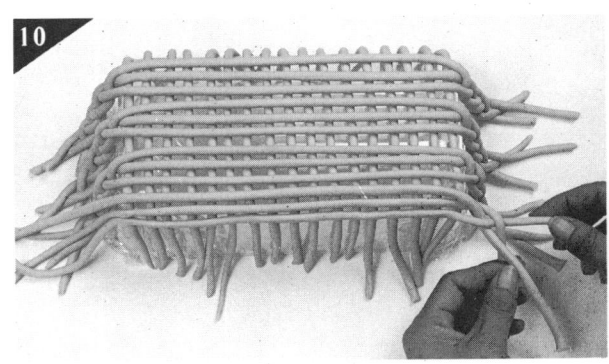

다시 옆면에 가로 끈 3줄을 붙인다. 끝을 3줄로 땋는다.

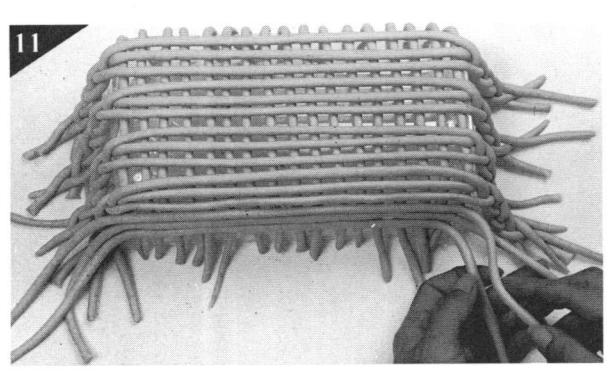

그 밑으로 가로 끈 3줄을 더 붙이고 땋는다. 반대쪽 옆면
도 똑같이 만든다.

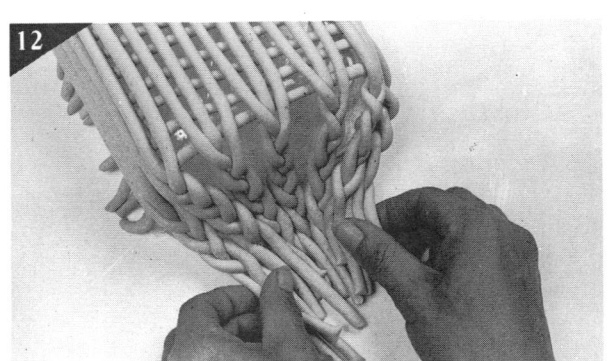

3줄로 땋은 7줄을 가운데로 나란히 모아 붙인다.

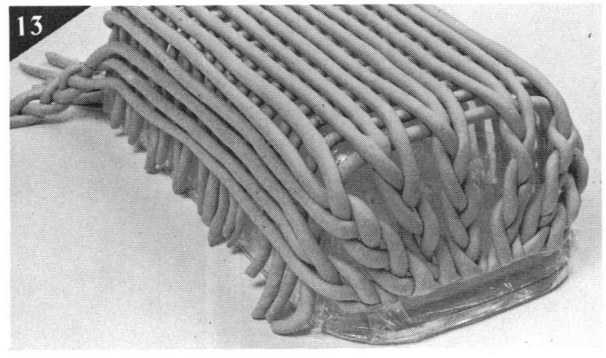

가위로 끝을 가지런히 자른다.

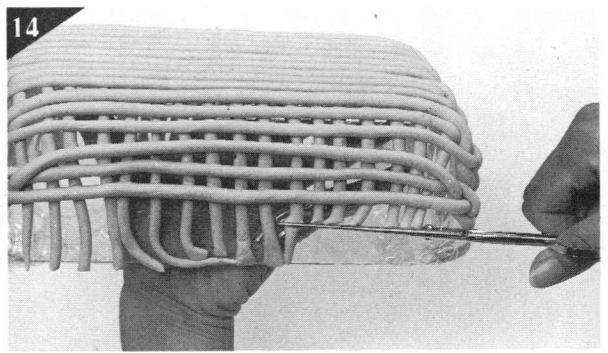

옆면도 높이가 같게 자른다.

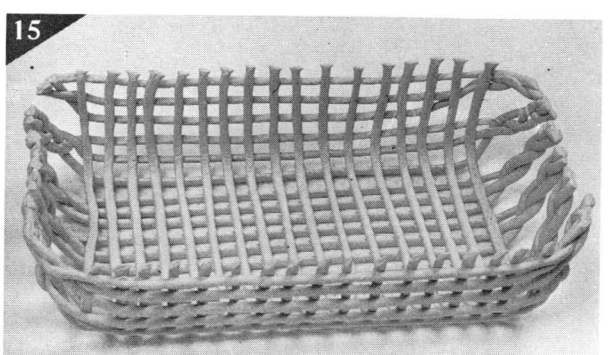

완전히 건조하면 틀에서 빼낸다.

지름 0.8cm의 끈 3줄을 테두리 길이에 맞게 땋는다.

그릇의 테두리에 본드를 칠한다.

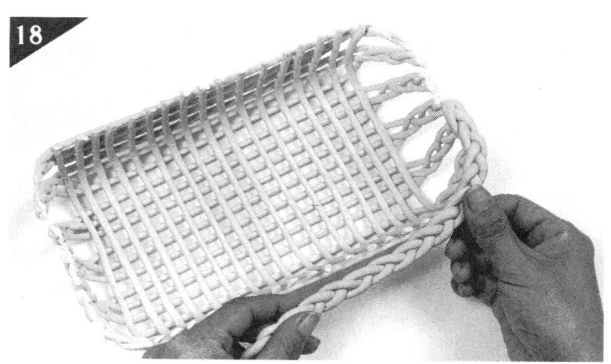

땋은 끈을 테두리에 붙인다. 모서리는 조심스럽게 붙인다.

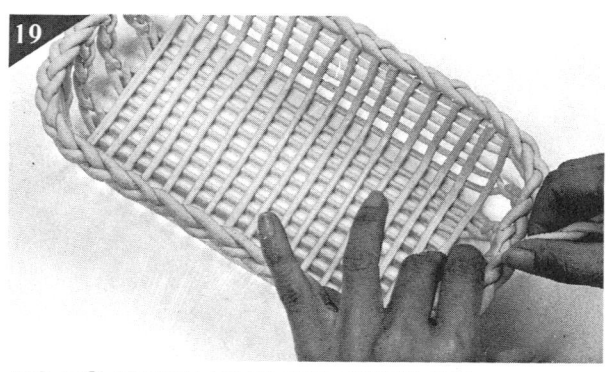

꽃을 붙일 위치에서 테두리 끝을 이어주면 좋다.

아몬드 크기의 점토를 방울 모양으로 만들고 밀대로 눌러서 잎 모양을 만든다.

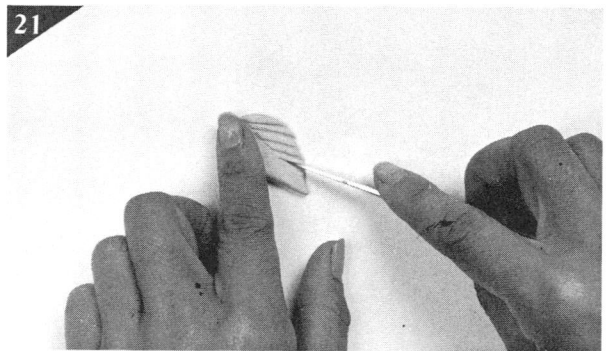

가위 끝으로 잎맥을 새긴다. 중심에 한 줄의 금을 긋고 그 양쪽에 가지를 잎 끝까지 새긴다.

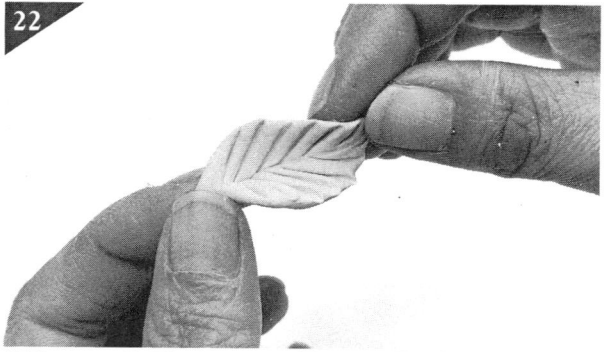

잎자루 부분을 집어서 약간 비틀어 모양을 낸다.

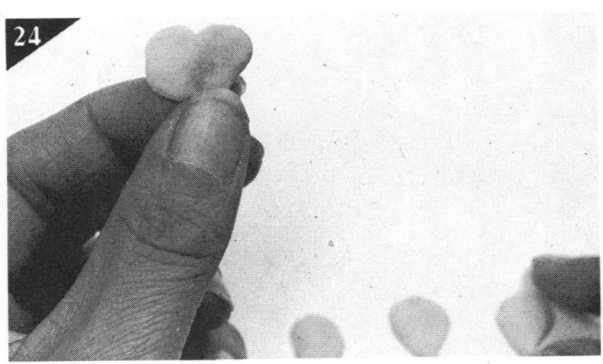

큰 콩알 크기의 점토를 방울 모양으로 뭉쳐서 밀대로 눌러 제비꽃 꽃잎 5장을 만든다.

제비꽃은 먼저 2장을 엇비슷하게 포갠다.

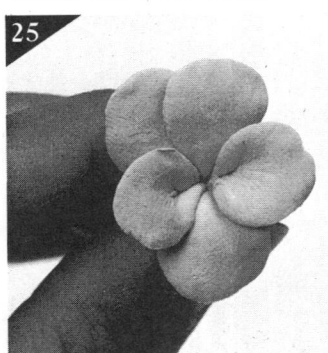
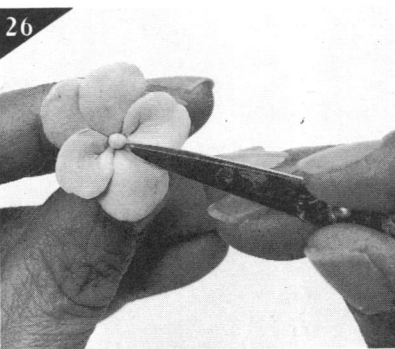
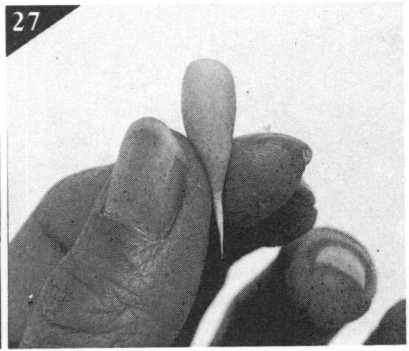

가운데 꽃잎은 2장이 마주 보게 하고 그 밑에 1장을 붙인다.

꽃의 중심에 작은 점토알을 붙여서 꽃술이 되게 한다.

꽃봉오리는 콩알 크기의 점토를 방울 모양으로 만든다.

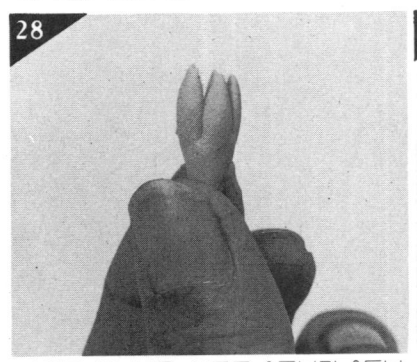

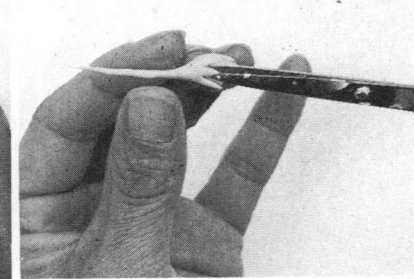

가위로 끝부분을 세로로 2등분과 3등분 한다.

봉오리 밑부분을 손가락으로 굴려서 잘록하게 만든다.

아래쪽에 V자로 5군데 가위집을 넣어 꽃받침을 만든다.

꽃과 봉오리를 모두 줄기 상부에서 구부린다.

잎 7장, 꽃 6송이, 봉오리 4송이를 준비한다.

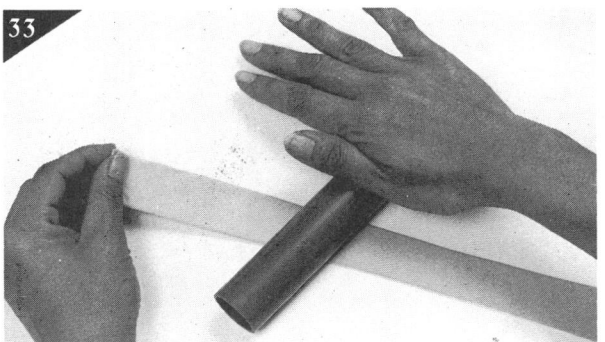

리본을 만든다. 지름 1cm의 끈을 밀대로 얇게 편다.

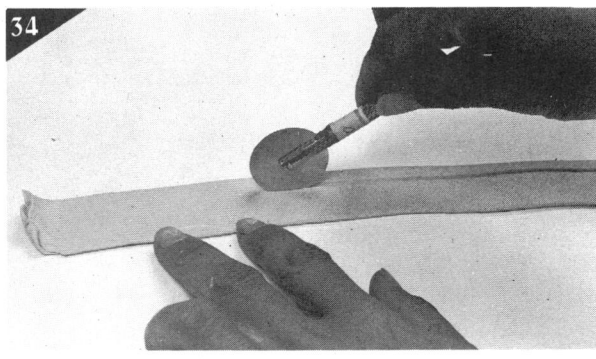

리본의 폭을 1cm로 자른다.

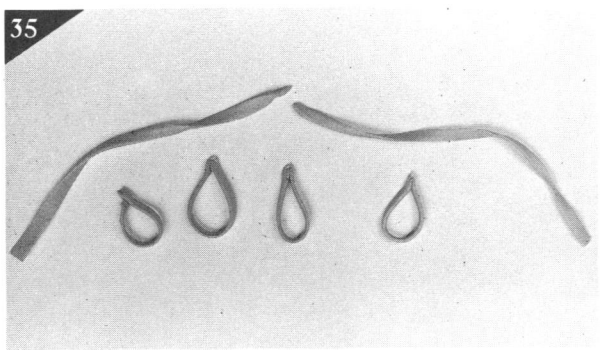

묶은 리본 모양의 고리 4개와 끈 2줄을 만든다.

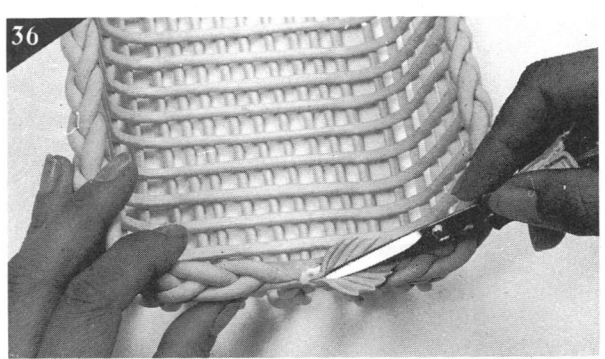

먼저 잎을 본드로 붙이면서 디자인을 한다.

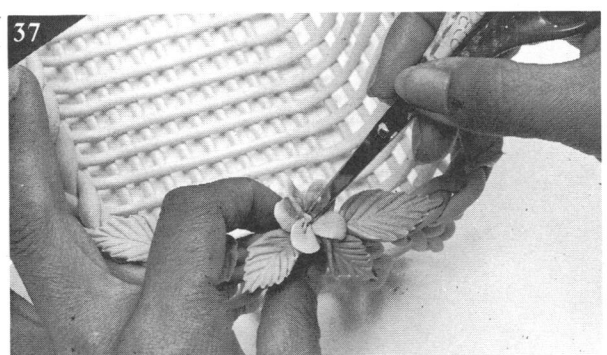

제비꽃은 중심부터 붙인다.

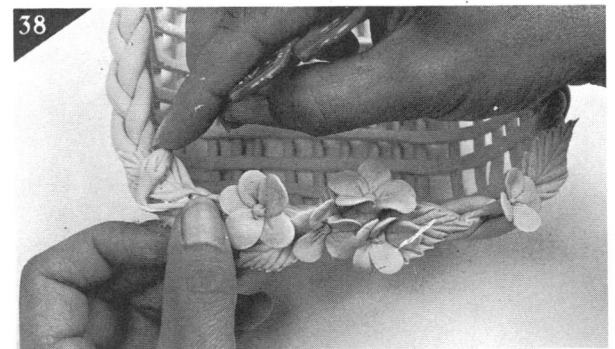

6송이의 꽃을 생동감이 있게 본드로 붙여 가고 봉오리는 흐르는 느낌을 주어서 붙인다.

꽃 사이에 고리와 끈을 끼워 붙여서 리본이 생동감나게 한다.

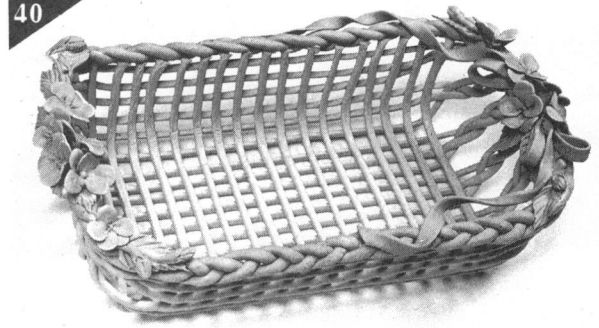

양쪽 다 꽃을 디자인하여 건조시키고 채색한 다음, 락카를 칠하여 완성한다.

장미 목걸이 ─ 사진 21p

■ **재료** 점토 약간, 목걸이 끈(가는 줄 70cm 길이로 10개), 고리 한쌍, 강력 접착제, 밀대, 가위, 젖은 수건.

■ **제작의 포인트** 큰 장미이므로 생각보다 쉽게 만들 수 있다. 다만 너무 크면 무거운 느낌을 주므로 가슴에 어울리게 3cm 정도로 만든다. 채색은 착색 후 부분적으로 색을 칠하고 닦아낸다. 이것은 초보자도 쉽게 할 수 있으며, 마르면 자연스럽게 보인다. 좋아하는 옷 색깔에 맞춰 색을 칠한다.

─10cm─

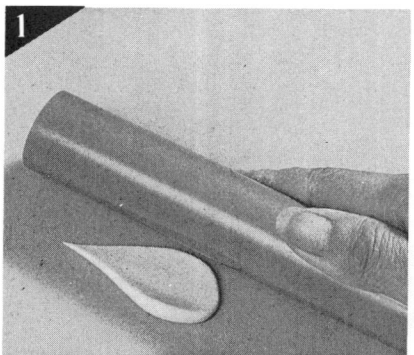

엄지손가락 크기의 점토를 물방울 모양으로 4㎜ 두께로 잎을 만든다.

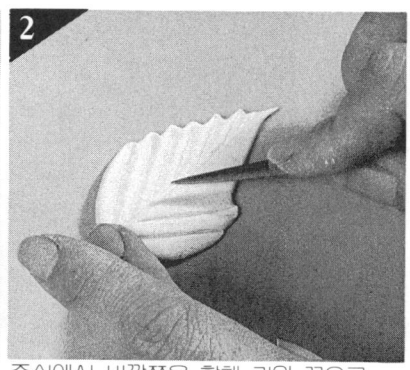

중심에서 바깥쪽을 향해 가위 끝으로 잎맥을 찍는다.

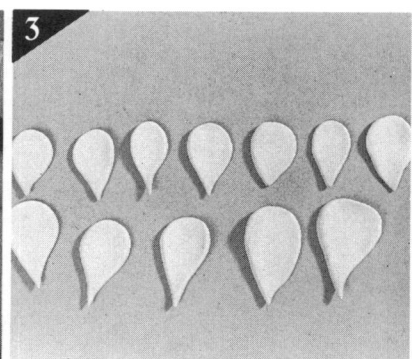

같은 방법으로 크고 작은 꽃잎 12장을 준비한다.

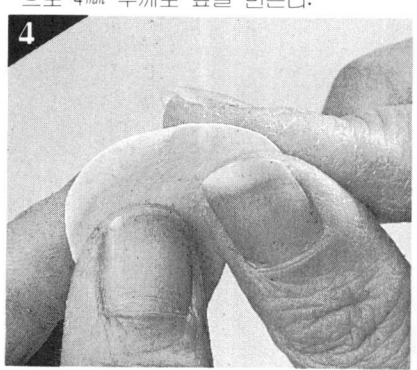

꽃잎의 가장자리는 손가락 끝으로 얇게 펴서 예쁜 모양으로 만든다.

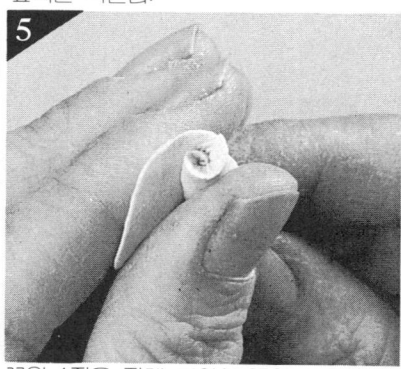

꽃잎 1장을 작게 말아서 꽃의 심으로 쓴다.

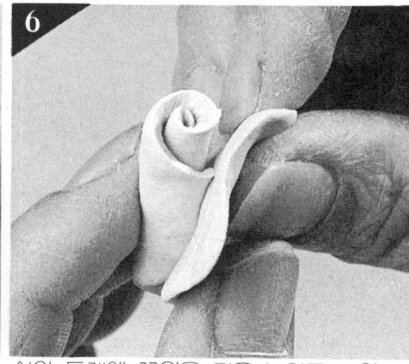

심의 둘레에 꽃잎을 같은 높이로 붙인다.

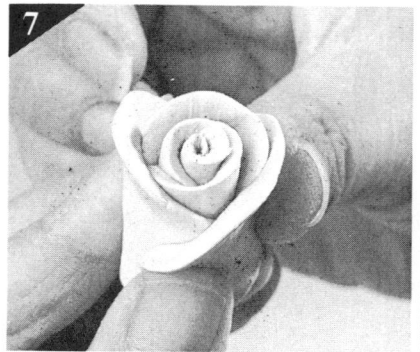

꽃잎 3장을 심 주위에 소용돌이 모양으로 한 바퀴 돌려 붙인다.

다음 꽃잎은 엇갈리게 붙이고(3장) 마지막에 5장을 붙인다.

바깥 꽃잎부터 손끝으로 젖혀서 장미 모양을 만든다.

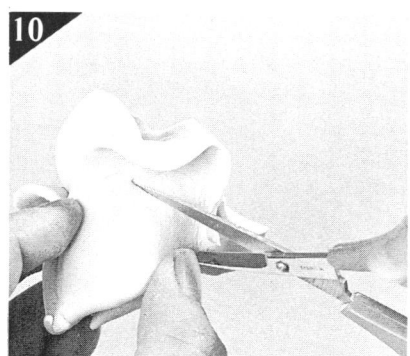
꽃의 높이가 3㎝ 정도 되게 밑부분을 잘라 낸다.

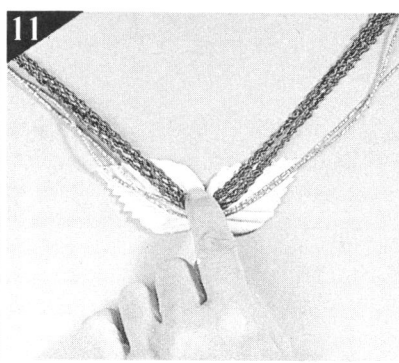
2장의 잎을 V자 형으로 놓고 줄의 중심을 맞추어 올려놓는다.

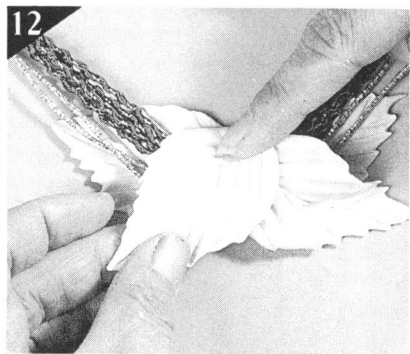
다시 2장의 잎을 줄 위에 八자 모양으로 놓아서 줄을 감싼다.

꽃의 밑을 가위 끝으로 찔러 자리를 만든 다음 잎의 중심에 붙인다.

꽃의 위치를 맞추고 잘 붙도록 누른다.

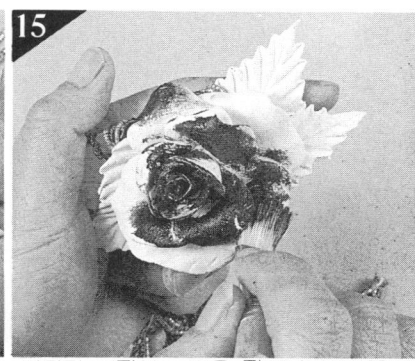
빨강과 검정색 물감을 짙게 섞어서 꽃 전체에 두껍게 칠한다.

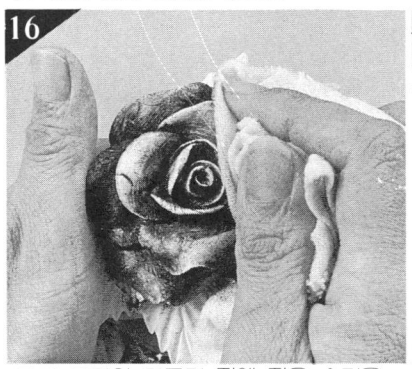
그림 물감이 마르기 전에 젖은 수건을 사용, 부분적으로 닦아 낸다.

닦아낸 곳에 갈색으로 악센트를 준다.

잎도 녹색과 갈색을 진하게 섞어서 전체적으로 두껍게 칠한다.

그림 물감이 마르기 전에 젖은 수건으로 잎을 부분적으로 닦는다.

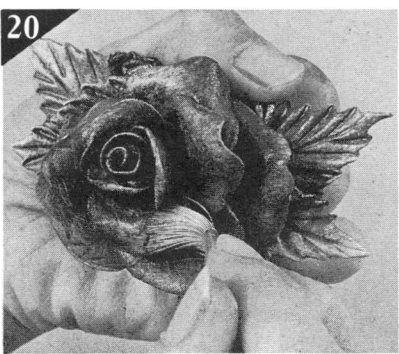
꽃잎에 칠한 색을 잎에도 조금 칠하여 단조로움을 보충한다.

줄 끝에 고리를 달아서 완성한다.

크리스마스 모빌 —— 사진 22p

■ **재료** 점토 180g, 클립 10개, 실, 종, 스팽글, 금가루, 은가루, 9자 핀, 점토칼, 밀대.

■ **제작의 포인트** 달아 맬 나무는 1cm 정도로 만들어 미리 U자형의 고리를 꽂아 둔다. 점토를 5mm 두께로 펴고 트리모양을 7장 찍어내어 고리를 꽂는다. 7개의 트리에 그림과 같이 장식을 한다. 고리에 실을 달아서 균형있게 나무에 매단다.

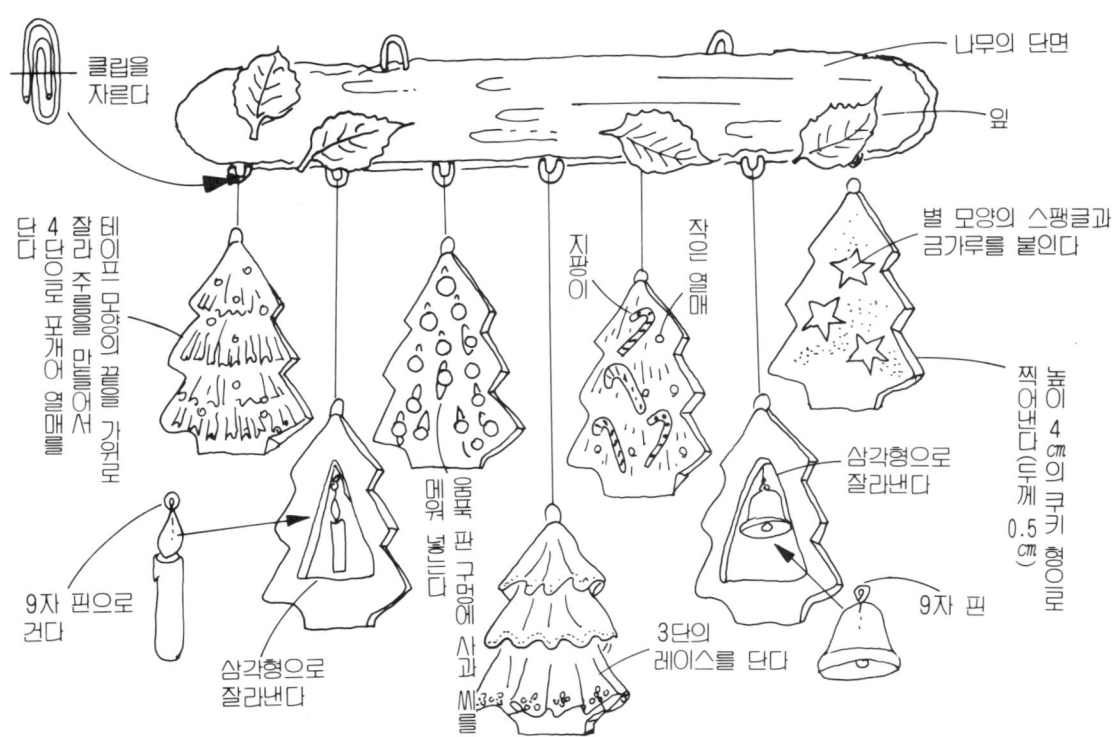

클립을 자른다

나무의 단면

잎

테이프 모양의 끝을 가위로 잘라 주름을 만들어서 4단으로 포개어 열매를 단다

9자 핀으로 건다

삼각형으로 잘라낸다

움푹 판 구멍에 심과 씨를 메워 넣는다

지팡이

작은 열매

별 모양의 스팽글과 금가루를 붙인다

높이 4㎝의 쿠키 형으로 찍어낸다 (두께 0.5㎝)

삼각형으로 잘라낸다

3단의 레이스를 단다

9자 핀

귀여운 선물 사진 22, 23p ——

■ **재료** 점토 약간, 가위, 본드.

■ **제작의 포인트** 쓰다 남은 점토를 이용하여 즐길 수 있는 작품이다.

형태와 크기는 자유롭게 하고 포장의 색상, 무늬, 리본 장식은 개성있게 디자인한다. 크리스마스용은 화려하게 금

· 은색을 쓰고 리본도 크게 단다.

리본의 묶음은 밑부분을 잘라서 붙인다

종이의 색은 크리스마스답게 금이나 은으로 선과 물방울을 그린다.

황금 잎사귀

사진 23p

■ **재료** 점토 약간, 철사(22번).

■ **제작의 포인트** 점토는 두께 5mm 정도로 점토를 펴서 잎 모양으로 잘라 잎맥을 긋는다. 열매는 구슬 정도의 크기로 점토 15개 정도를 가운데가 높게 모아서 본드로 붙인다. 줄기는 철사를 넣어 약 12cm 길이로 만든다. 리본은 자연스럽게 표현한다.

16cm

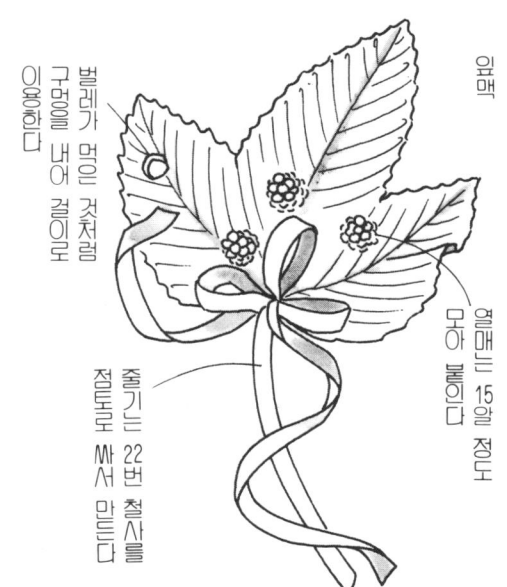

벌레가 먹은 것처럼 구멍을 내어 걸이로 이용한다.

잎맥

열매는 15알 정도 모아 붙인다.

줄기는 22번 철사를 점토로 싸서 만든다.

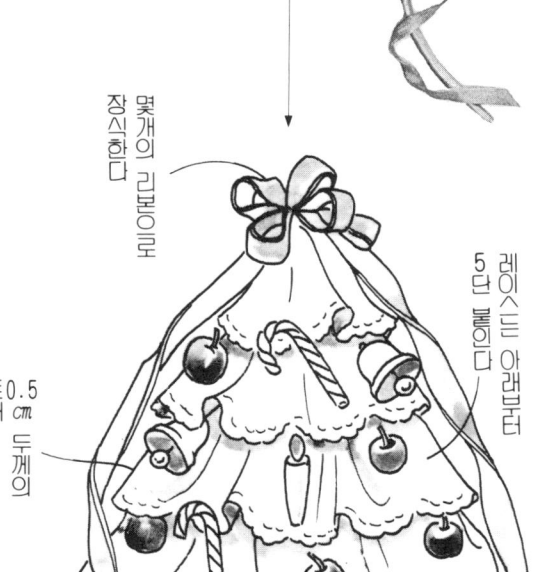

몇 개의 리본으로 장식한다.

레이스는 아래부터 5단 붙인다.

토 0.5cm 두께의

벽돌처럼 줄을 긋는다

벽돌처럼 화분에 줄을 긋는다

작은 선물상자를 붙인다.

촛불

크리스마스 트리의 벽걸이

사진 23p

■ **재료** 점토 약간, 철사(18번 정도).

■ **제작의 포인트** 점토를 두께 5mm 정도로 펴서 폭 13cm 정도의 트리 모양으로 자른다. 철사를 구부려 트리 위에 꽂아 건다. 점토를 4cm×15cm의 직사각형으로 잘라 화분을 만들고 벽돌 모양으로 줄을 긋는다.
사각형을 원으로 만들어 바닥을 붙이고 위는 폭을 넓힌다. 화분에 트리를 넣어서 붙인다. 레이스는 3cm 폭으로 만들어 주름을 잡으면서 아랫단부터 붙인다. 레이스 위에 장식과 리본을 단다.

13cm

지팡이

1.5cm

사과

1cm

벨

1.5cm

양초 받침 2종 사진 22, 23p

A
■ **재료** 점토 약간.
■ **제작의 포인트** 두께 5mm로 점토를 펴고 지름 7cm
로 토대를 자른다. 중앙에 초꽂이를 붙인다. 레이스는
폭 4cm, 길이 약 50cm로 만들어 주름을 잡으면서 초
꽂이 둘레에 붙이고, 무늬찍기로 누른다. 둘레에 꽃과
잎을 장식한다.

B
■ **재료** 점토 약간, 22번 철사.
■ **제작의 포인트** 지름 4cm의 토대는 A와 같은 요령
으로 자른다. 둘레에 2줄로 꼰 끈을 붙인다. 초꽂이를
붙이고, 따로 호랑가시나무잎 2장에 열매를 붙인 모양
3개를 만들어 토대에 장식한다.

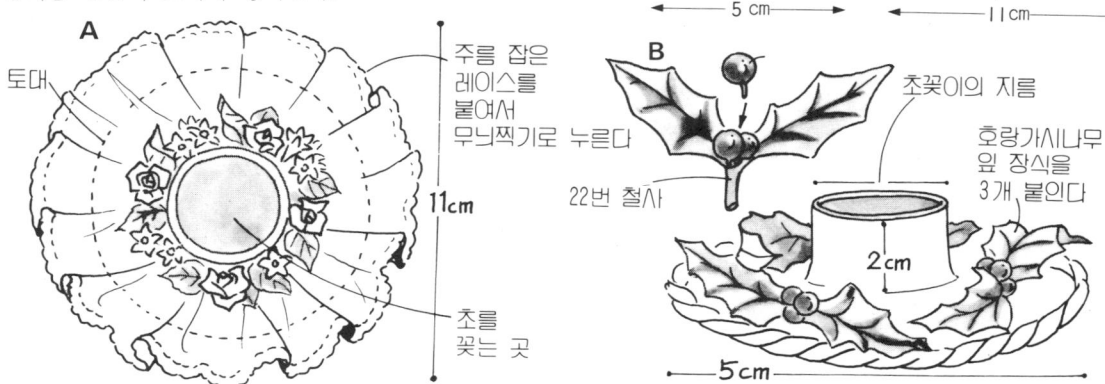

A
토대
주름 잡은 레이스를 붙여서 무늬찍기로 누른다
11cm
초를 꽂는 곳

B
22번 철사
초꽂이의 지름
호랑가시나무 잎 장식을 3개 붙인다
2cm
5cm

미니 화환

■ **재료** A, B 모두 점토 175g씩,
18번 철사.
■ **제작의 포인트** A, B는 장식이 다
를 뿐 똑같이 만든다. 화환의 토대는
점토 끈을 둥글게 하여 만들고, 철사
를 구부려 거는 고리를 꽂는다. 장식
으로 A에는 장미꽃과 잎, B에는 호
랑가시나무잎과 리본을 균형 있게 붙
인다.

A
B
9cm

리본 묶음
0.5cm 폭의 테이프로 고리를 만든다

A
장미(1cm)를 균형 있게 장식한다
잎을 틈 없이 붙인다
1.2cm

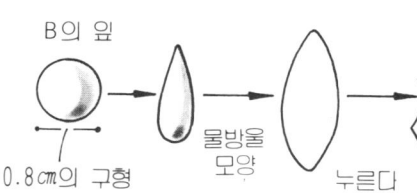

B의 잎
0.8cm의 구형 → 물방울 모양 → 누른다 → 잎맥을 긋는다

소품 벽걸이

55cm

27cm

■ **재료** 점토 1,400g, 작은 화분(지름 12cm, 높이 6cm) 2개, 밀대, 이쑤시개, 가위.

■ **제작의 포인트** 바구니는 반건조 때 반쪽으로 잘라 완전히 건조시켜서 붙인다. 가는 끈으로 토대를 엮기 때문에 모양이 찌그러지지 않도록 평평하고 큰 판 위에 놓고 주의하여 만든다. 좋아하는 모양의 토대로 자유롭게 만들어서 주머니를 달면 된다.

작은 화분을 비닐로 싼다.

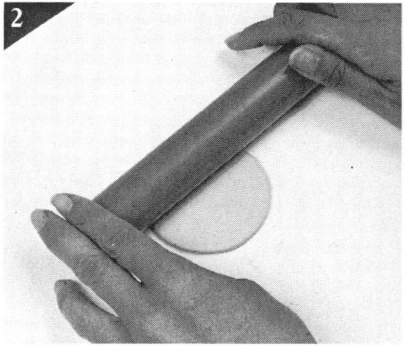

매실 크기의 점토를 밀대로 밀어서 둥근 바닥 2장을 만든다.

바닥 1장을 틀 위에 올려놓는다.

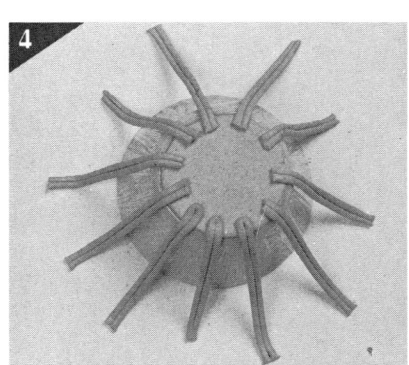

지름 0.6cm 끈을 2줄씩 11개의 날대를 같은 간격으로 붙인다.

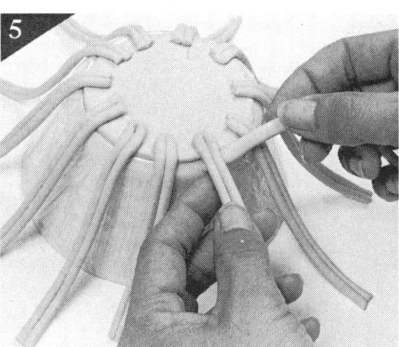

테이프 모양의 끈을 가로대로 써서 날대 위아래로 막엮기한다.

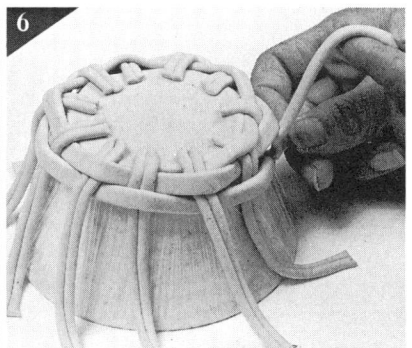

가로줄과 가로줄 사이가 뜨지 않게 붙여서 엮는다.

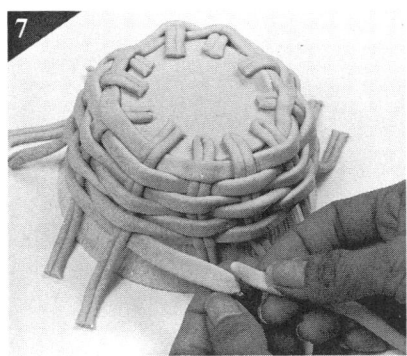

가로로 엮는 줄이 짧으면 날대의 밑에서 잇는다.

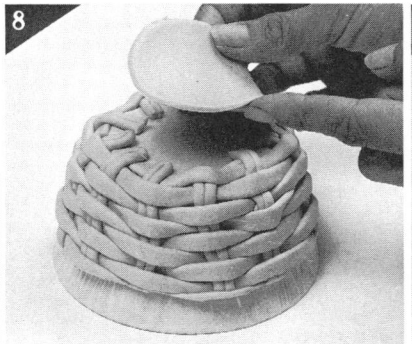

높이 6cm 정도가 되면 날대 끝을 가지런히 자르고 바닥을 붙인다.

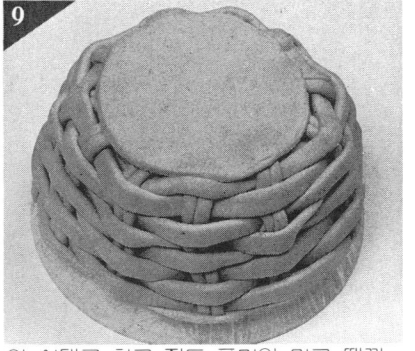

이 상태로 하루 정도 표면이 마를 때까지 둔다.

111

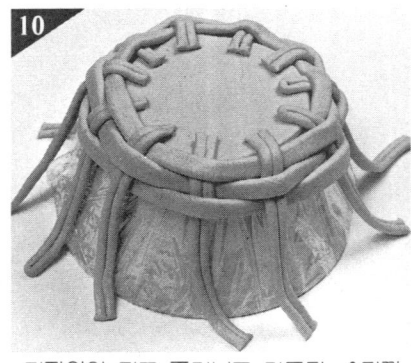

10

디자인이 다른 주머니를 만든다. 2단까 지는 전과 같다.

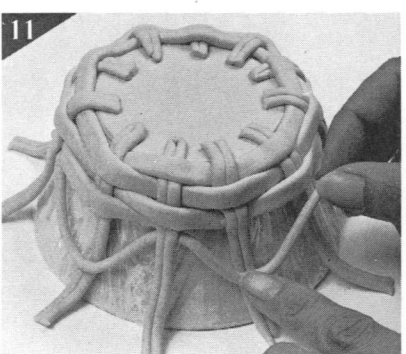

11

다음 가로줄은 둥근 끈으로 물결 무늬 처럼 엮는다.

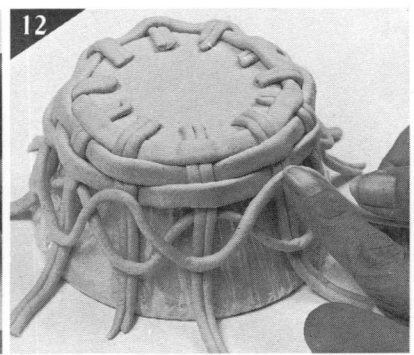

12

그 위에 물결무늬가 교차하게 붙여 놓 는다.

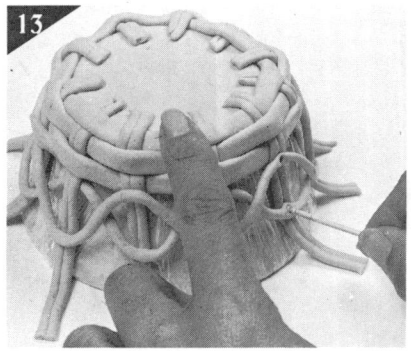

13

이쑤시게 뒤쪽으로 날대와 물결진 가로 줄의 겹친 부분을 누른다.

14

납작한 끈으로 한 바퀴 막엮기한다. 남 는 날대 끝을 잘라 낸다.

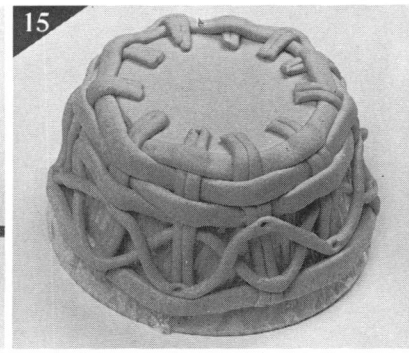

15

높이 6㎝로 완성한다. 바닥 1장을 마저 위에 붙이고 건조시킨다.

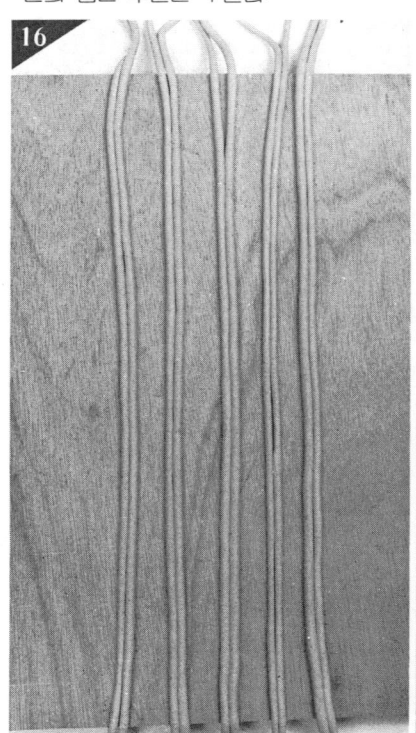

16

토대를 만든다. 지름 0.8㎝의 끈 60㎝ 를 2줄 1개씩 4㎝ 간격으로 나란히 놓 아 토대를 만든다.

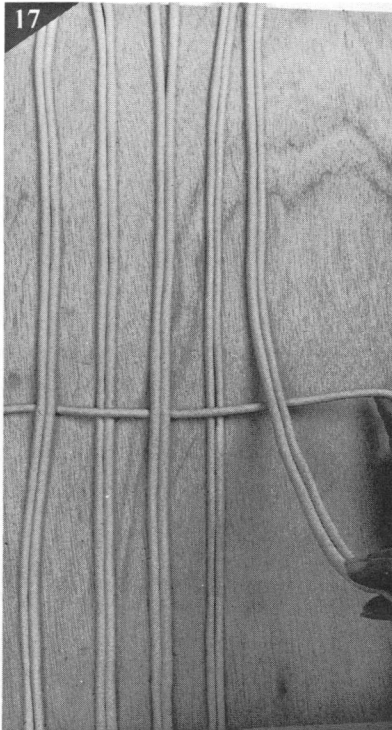

17

이 날대의 중간에 가로로 1줄을 엮는다.

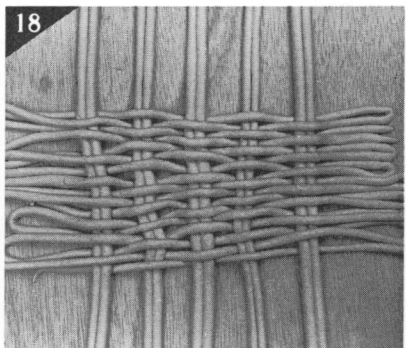

18

양쪽에 6㎝씩 길게 남기고 되돌아 엮어 서 아래쪽으로 17단 엮는다.

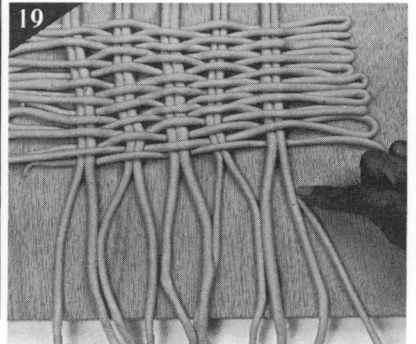

19

날대를 한 줄씩 벌려서 옆 날대와 다시 2줄을 1개로 짝지운다.

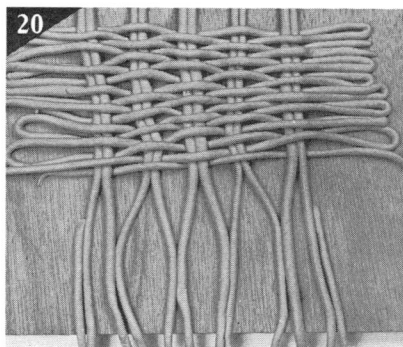

20

양쪽 날대에 1줄씩 덧날대를 붙여 2줄씩 6조의 날대가 되게 한다.

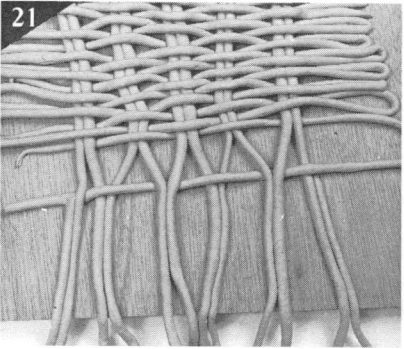

21

다시 밑으로 엮어 간다.

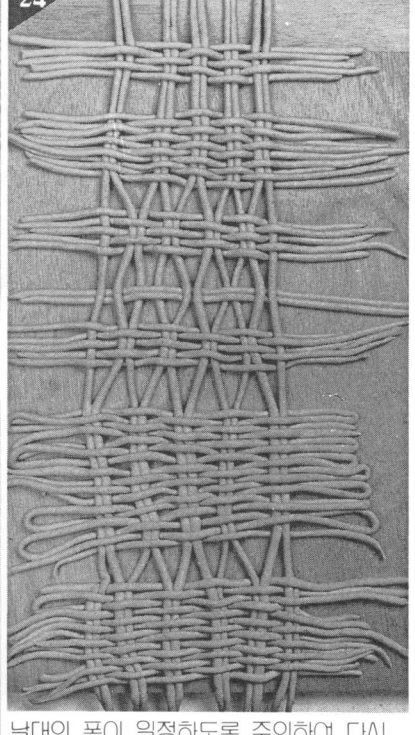

24

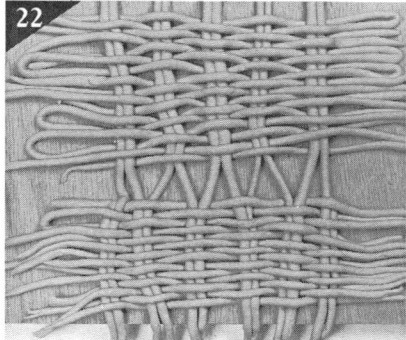

22

14단 엮는다.

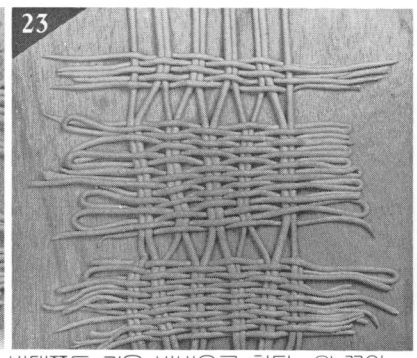

23

반대쪽도 같은 방법으로 하되, 양 끝의 날대는 한 줄로 5단 엮는다.

날대의 폭이 일정하도록 주의하여 다시 4단을 엮는다.

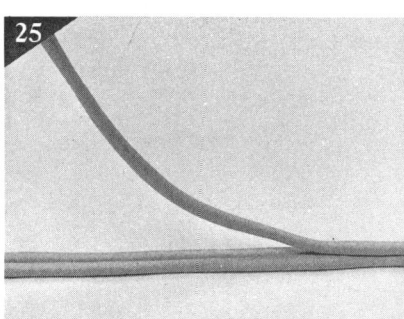

25

지름 0.5㎝의 끈 3줄을 만들어서 포갠다.

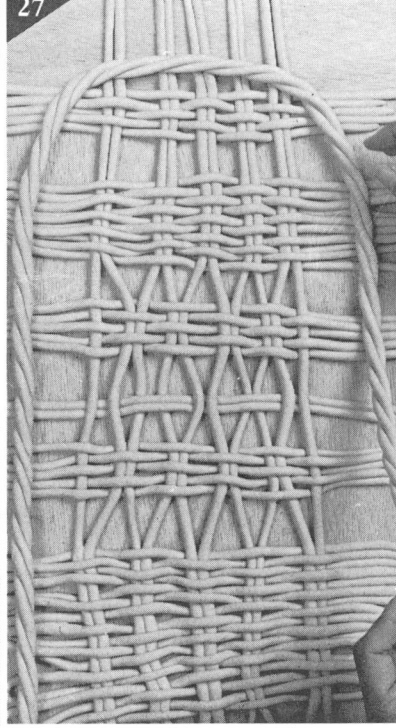

27

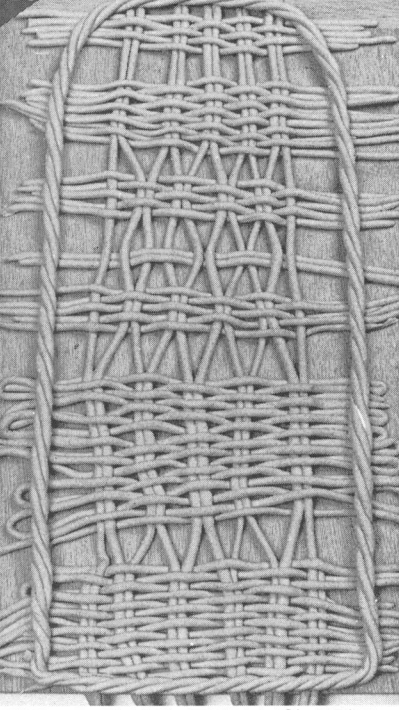

28

26

3줄을 함께 꼬아서 끈을 만든다.

폭 22㎝ 정도에 꼰 끈으로 테두리를 붙인다. 끈을 잡아당기지 말고 올려놓는다.

테두리를 한 바퀴 돌려서 붙인 상태다.

113

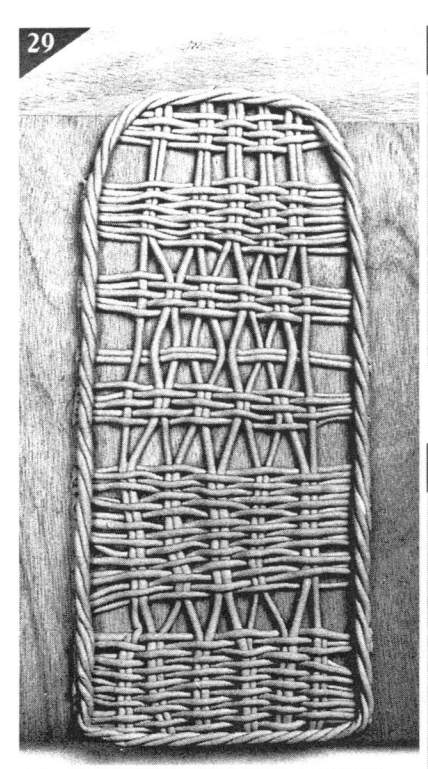

테두리 밖으로 나온 날대와 가로줄의 끝을 가지런히 잘라 버린다.

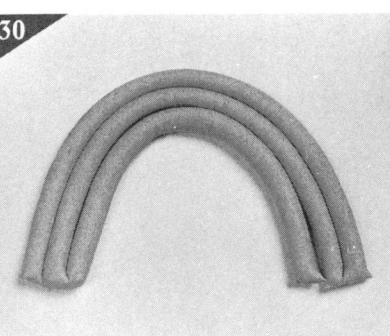

토대의 가장자리 장식용 스캘럽을 끈 3줄을 겹쳐서 32개 만든다.

토대의 가장자리에 1㎝ 정도 물리게 스캘럽을 붙인다.

스캘럽 끼리 서로 교차 되도록 붙여 나간다.

스캘럽의 높이와 간격이 잘 맞도록 배열한다.

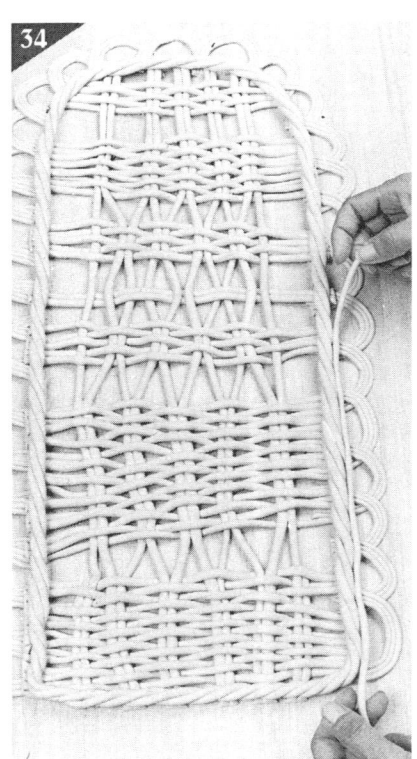

3줄을 꼬아 만든 테두리에 테두리와 스캘럽 사이에 가는 끈 1줄을 붙인다.

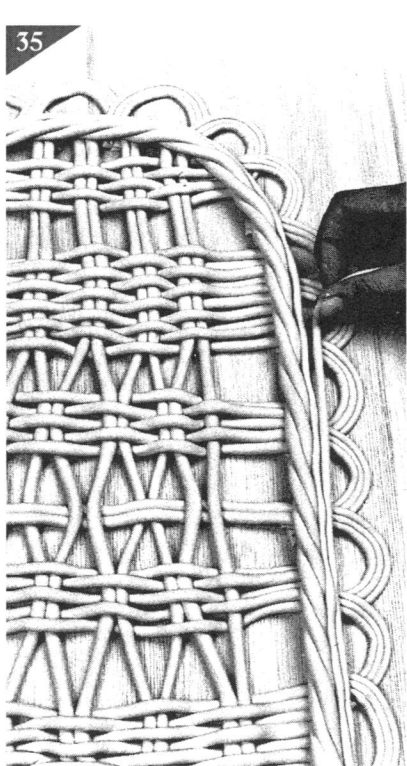

그 바깥에 또 1줄을 나란히 붙인다.

테두리의 장식을 약간만 손질하면 더 멋있게 된다.

114

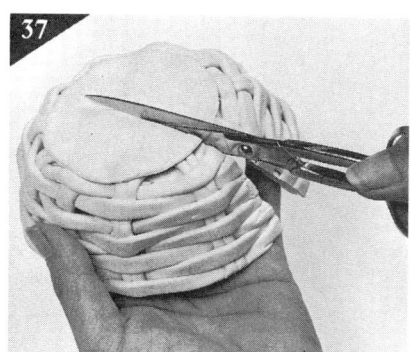

틀을 빼낸 바구니를 가위로 2등분한다.

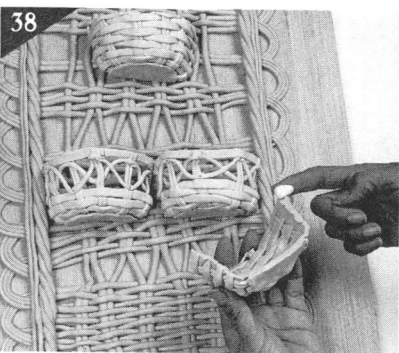

4개의 주머니에 모두 테두리를 붙인 모양이다.

주머니의 가장자리에 본드를 칠한다.

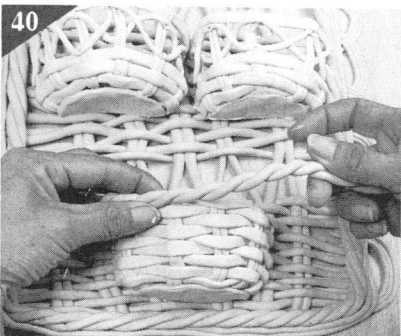

2줄로 꼰 끈을 테두리로 붙인다.

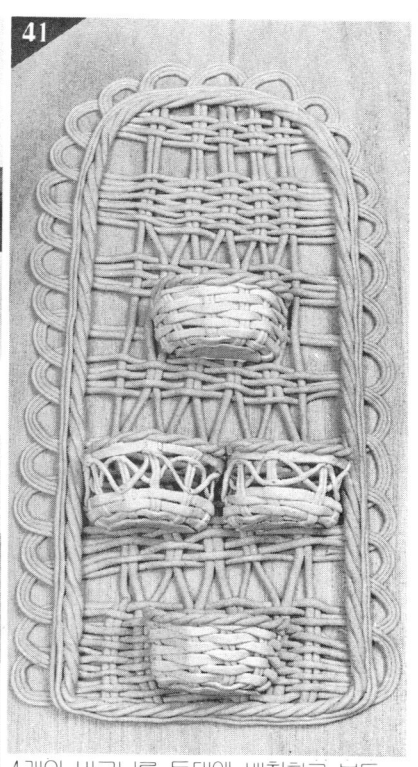

4개의 바구니를 토대에 배치하고 본드로 단단히 붙인다.

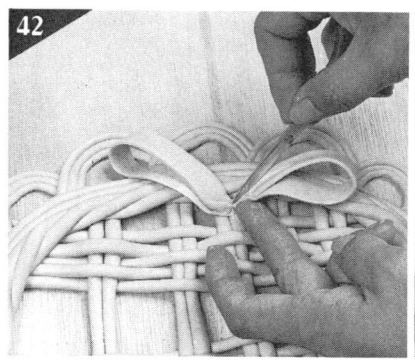

폭 1cm, 두께 0.2cm의 테이프로 고리 6개, 끈 2줄을 붙인다.

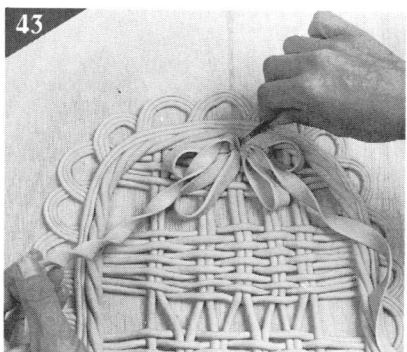

리본의 모양을 예쁘게 잡는다.

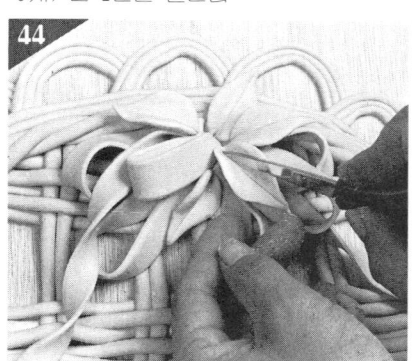

103페이지와 똑같은 잎을 5장 정도 붙인다.

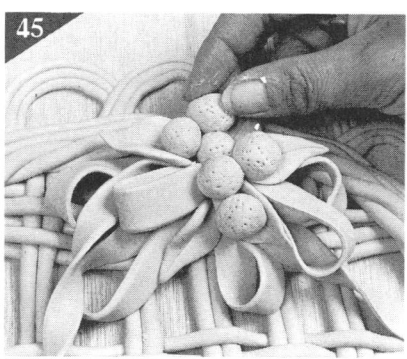

작은 도토리 크기 정도의 열매를 리본 중심에 6개쯤 단다.

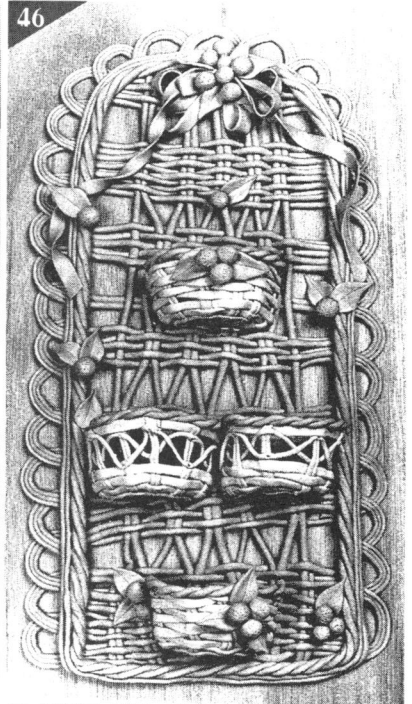

그 외에도 잎과 열매를 적당하게 배치하여 모양을 낸다.

과일 바구니

■ **재료** 점토 3,500g, 18번 철사, 빈 상자(39cm×19cm×30cm), 비닐, 밀대, 가위.

■ **제작의 포인트** 볼륨이 있는 바구니로 끈도 약간 두껍게 하고, 테두리와 손잡이는 굵기가 일정하지 않은 끈을 여러 개 비틀어서 중량감이 있게 만든다. 과일을 곁들였으나 꽃이라면 크게 만들어서 붙여야 한다.

32cm

42cm

빈 상자에 비닐을 씌우고 지름 1.5cm의 끈을 밀대로 살짝 눌러서 납작하게 만들어 3줄을 놓는다.

같은 굵기의 끈을 세로로 5줄 놓는다.

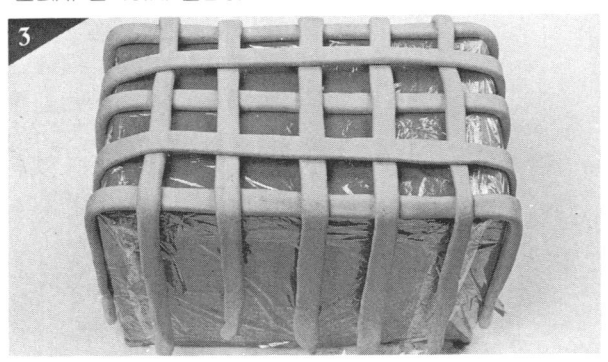

가로 3줄 사이에 2줄을 놓는다.

옆면에 7단을 감싸듯 눌러 붙인다.

세로 5줄의 사이마다 1줄씩 붙인다.

가장자리까지 모두 6줄을 세로로 얹고 잘 눌러서 포개진 끈이 잘 붙게 한다.

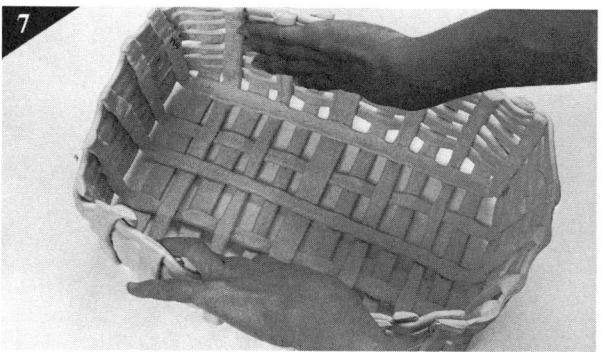

가장자리를 가지런히 자르고 건조시켜서 상자를 빼낸다.
안쪽이 약간 볼록하게 모양을 잡는다.

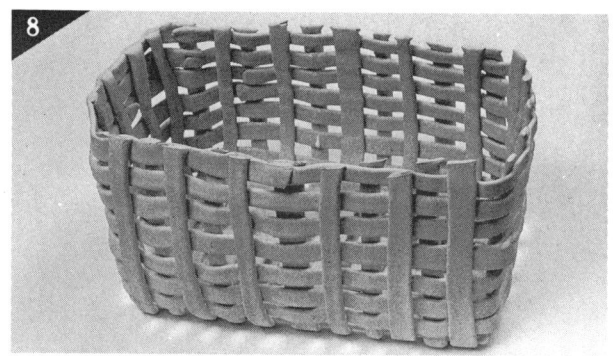

사각형이 아니고 조금 둥근 맛이 나는 모양으로 정리한다.

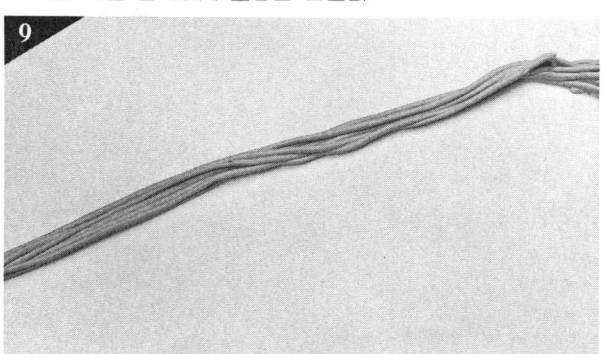

지름 0.5cm 전후의 굵기가 다른 끈을 10줄 정도 준비
한다.

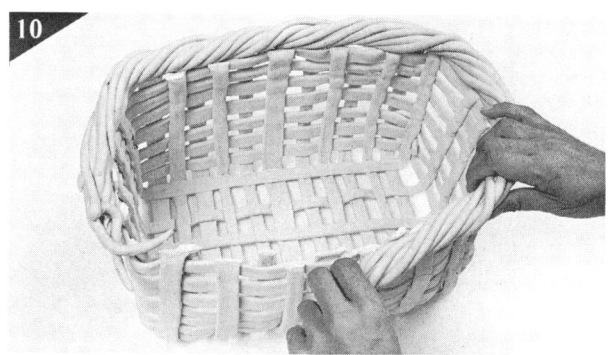

10줄의 끈을 비틀어서 가장자리에 본드를 칠하고 테두리
로 붙인다.

이어지는 곳은 비스듬히 잘라서 흔적이 나타나지 않게 붙
인다.

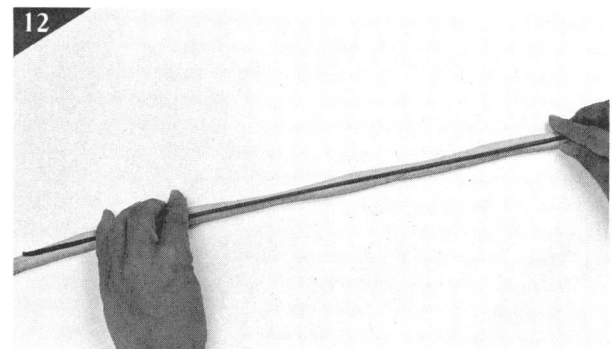

지름 1cm의 끈에다 철사를 3줄 감는다.

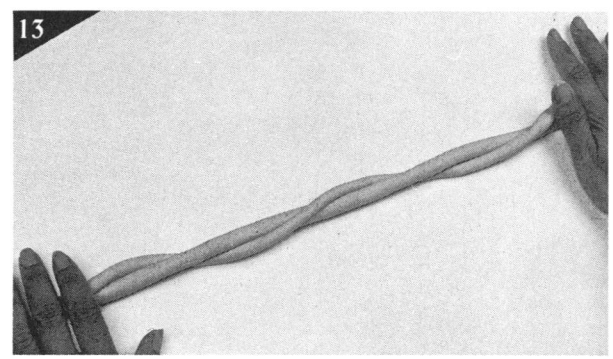

철사를 넣은 끈과 지름 0.8cm의 끈을 함께 꼬아서 손잡이
로 한다.

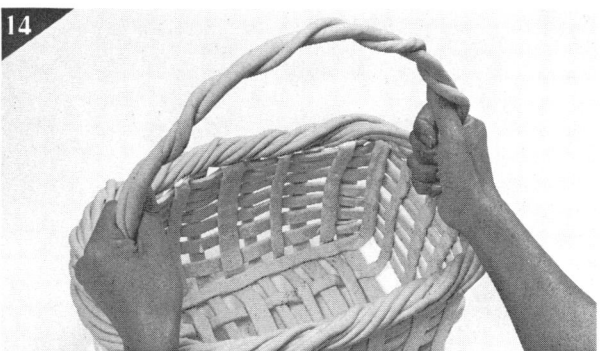

손잡이를 구부려서 바구니에 단다.

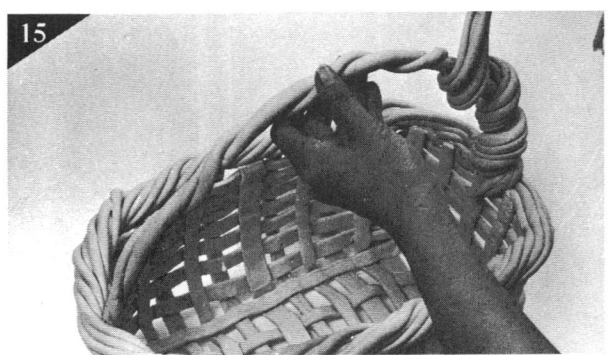

15

다시 5~6줄의 굵기가 다른 끈으로 손잡이에 감는다.

16

손잡이가 무겁다. 빈 깡통 등으로 모양이 흐트러지지 않도록 받쳐서 건조시킨다.

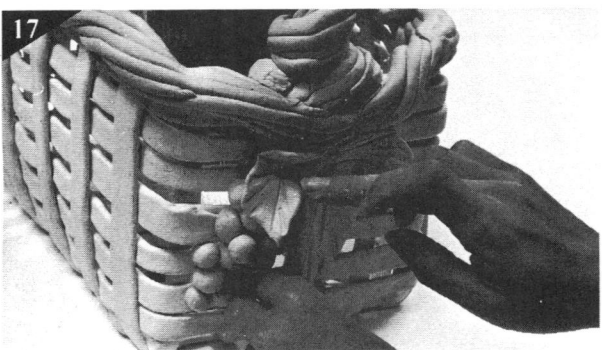

17

포도를 단다. 포도알 크기로 만든 열매와 잎을 장식한다.

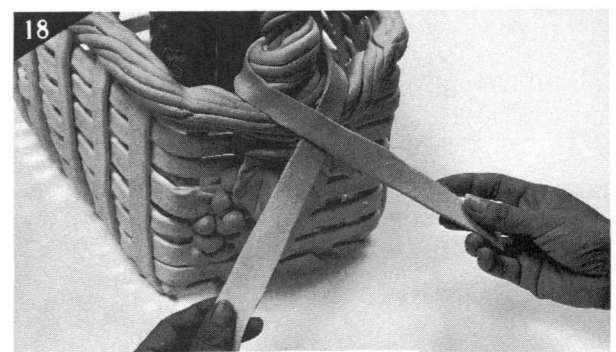

18

지름 1㎝의 끈을 2㎝ 폭의 테이프 모양으로 펴서 리본을 단다.

19

적당한 크기의 점토로 레몬, 바나나, 오렌지 등의 과일을 만든다.

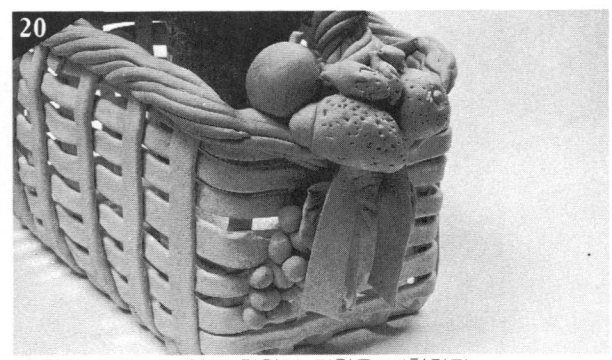

20

손잡이를 단 부분에 균형있게 과일을 배치한다.

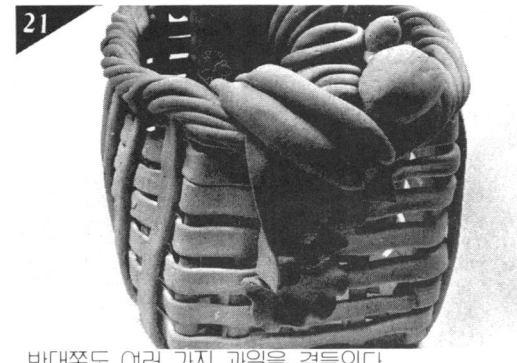

21

반대쪽도 여러 가지 과일을 곁들인다.

22

완전하게 건조하려면 3~4일이 걸린다.

엮어 만든 바구니

■ **재료** 점토 500g, 목공용 본드, 밀대, 플라스틱 그릇(15cm×10cm의 타원형, 깊이는 5cm), 비닐, 점토 칼, 가위.

■ **제작의 포인트** 그릇의 곡선을 살려가며 두 줄로 꼰 끈을 감아 붙인다.

끈을 이을 때는 비스듬히 잘라서 꼬인 부분이 이어지도록 본드로 붙인다. 점토가 부드러울 때 재빨리 누르는 듯이 감아서 끈끼리 붙이는데, 너무 말랐을 때는 본드를 칠하며 감아야 한다.

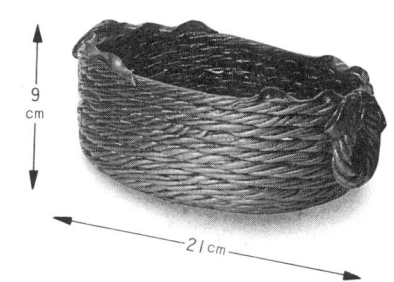

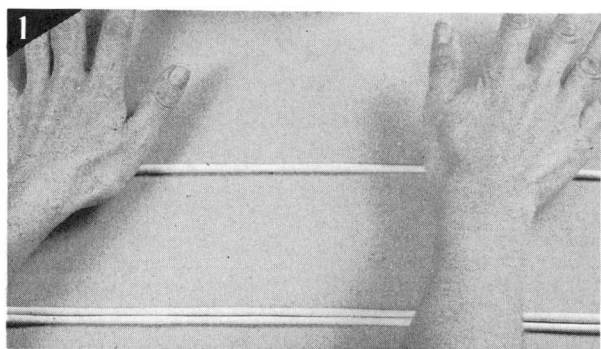

틀로 쓸 그릇을 비닐로 싼다. 지름 5mm의 끈을 길이 70cm 정도로 3줄 만든다.

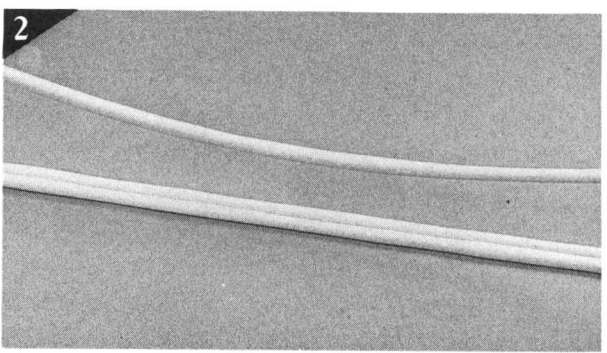

끈 2줄을 나란히 합쳐 놓고 그 위에 나머지 한 줄을 삼각이 되도록 올려놓는다.

끈의 양쪽을 손으로 누르고 아래위로 꼬아 만든다.

틀을 엎어 놓고 아래에서부터 위로, 끈을 틈 없이 감는다.

끈을 이어서 계속 감는다. 이 때는 비스듬히 잘라 본드로 깨끗하게 붙인다.

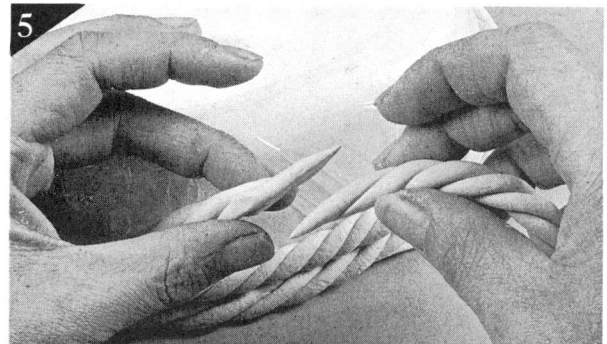

틀에 대고 옆면에서 바닥 중심까지 촘촘히 감고, 마지막에 바닥의 구멍을 메운다.

전체적으로 고른 모양이 되도록 손바닥으로 눌러준다. 잘 건조시켜서(약 2일) 틀을 빼낸다.

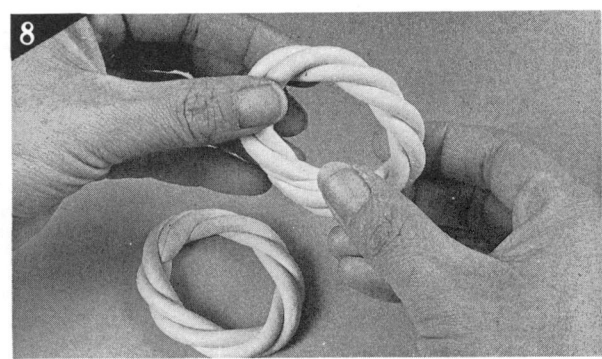

본체와 똑같은 끈으로 지름 약 5cm의 링을 2개로 만든다.

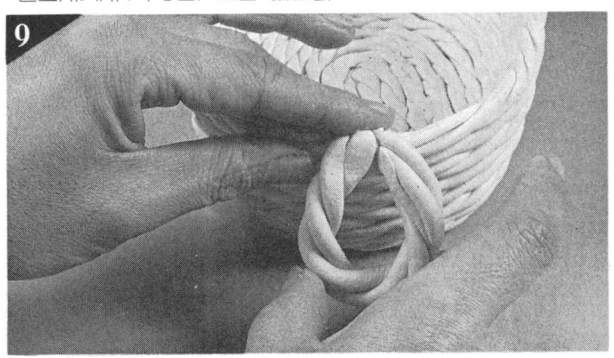

바구니 양쪽에 본드를 칠해 링을 1개씩 붙인다.

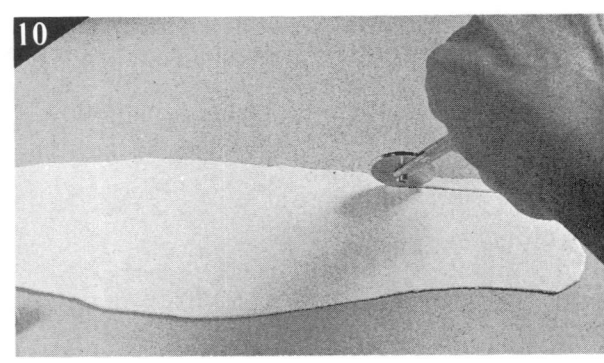

3mm 두께의 점토를 1cm 폭으로 잘라 테이프를 만든다.

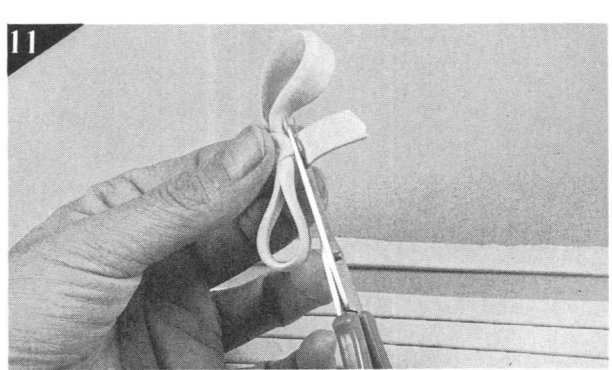

테이프 15cm를 돌려서 8자형으로 만들고, 그 가운데를 다른 테이프로 감아서 리본을 완성한다.

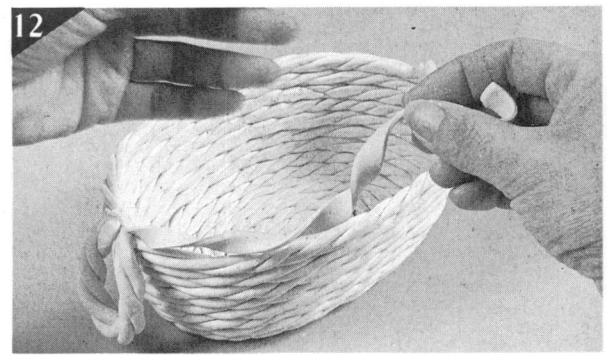

리본의 끈은 13cm 길이의 테이프 2줄을 조금 비틀어서 자연스럽게 바구니 테두리에 붙인다.

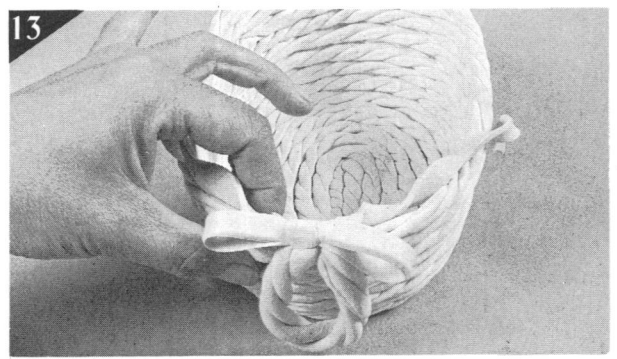

링의 윗 부분에 리본을 얹고 리본 끈과 잘 어울리도록 자리를 정한다.

다른 쪽에도 리본을 달고 잘 건조시켜서 107페이지의 요령으로 착색한다.

액세서리

■ **재료** 점토 약간, 핀, 밀대, 점토칼, 가위.
■ **제작의 포인트** 점토를 두께 0.5cm 정도로 펴서 둥근 형으로 만든다. 팬턴트, 브로치 등 기타 선물 카드와 함께 보내면 보내는 사람의 따뜻한 마음이 깊고 즐겁게 전해질 것이다.

〈실물대형지〉

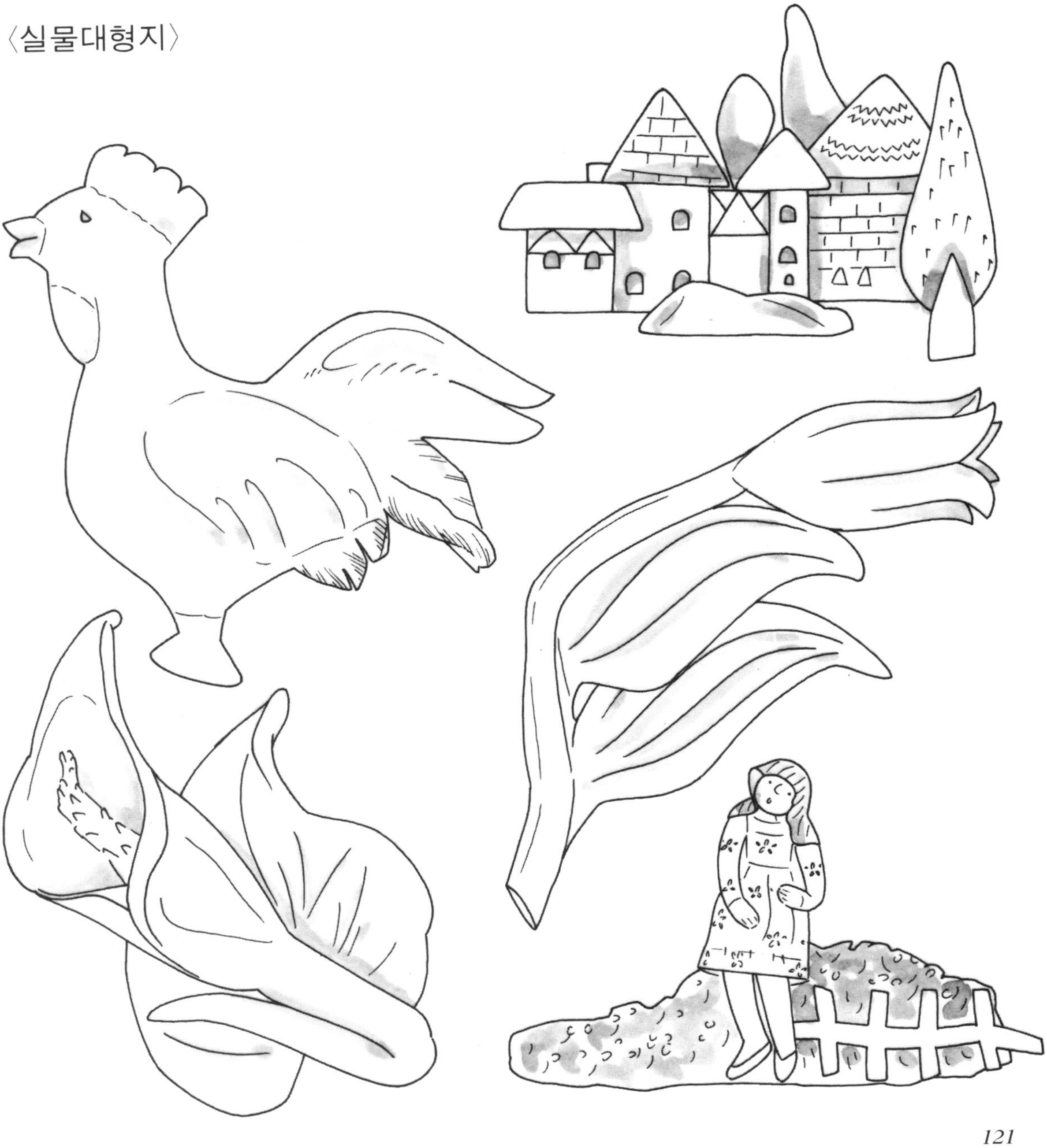

사진 45p # 프리뮬러 꽃바구니

■ 재료 점토 700g, 22번 철사, 작은 화분(틀), 비닐, 밀대, 가위.

■ 제작의 포인트 작은 화분을 틀로 써서 바구니를 만든다. 가는 끈으로 날대 2개를 1줄로 구성하여 엮는다. 테두리는 3줄의 끈을 꼬아서 붙인다. 꽃과 봉오리는 각각 대·소, 잎은 장·단의 여러 가지로 모양을 내서 만들고 건조시켜서 채색한다.

원추형의 점토로 토대를 만들어 바구니 속에 넣는다. 그리고 꽃 줄기를 같은 길이로 만들어 방사형으로 꽂고, 봉오리를 사이에 넣은 다음 공간을 잎으로 메운다.

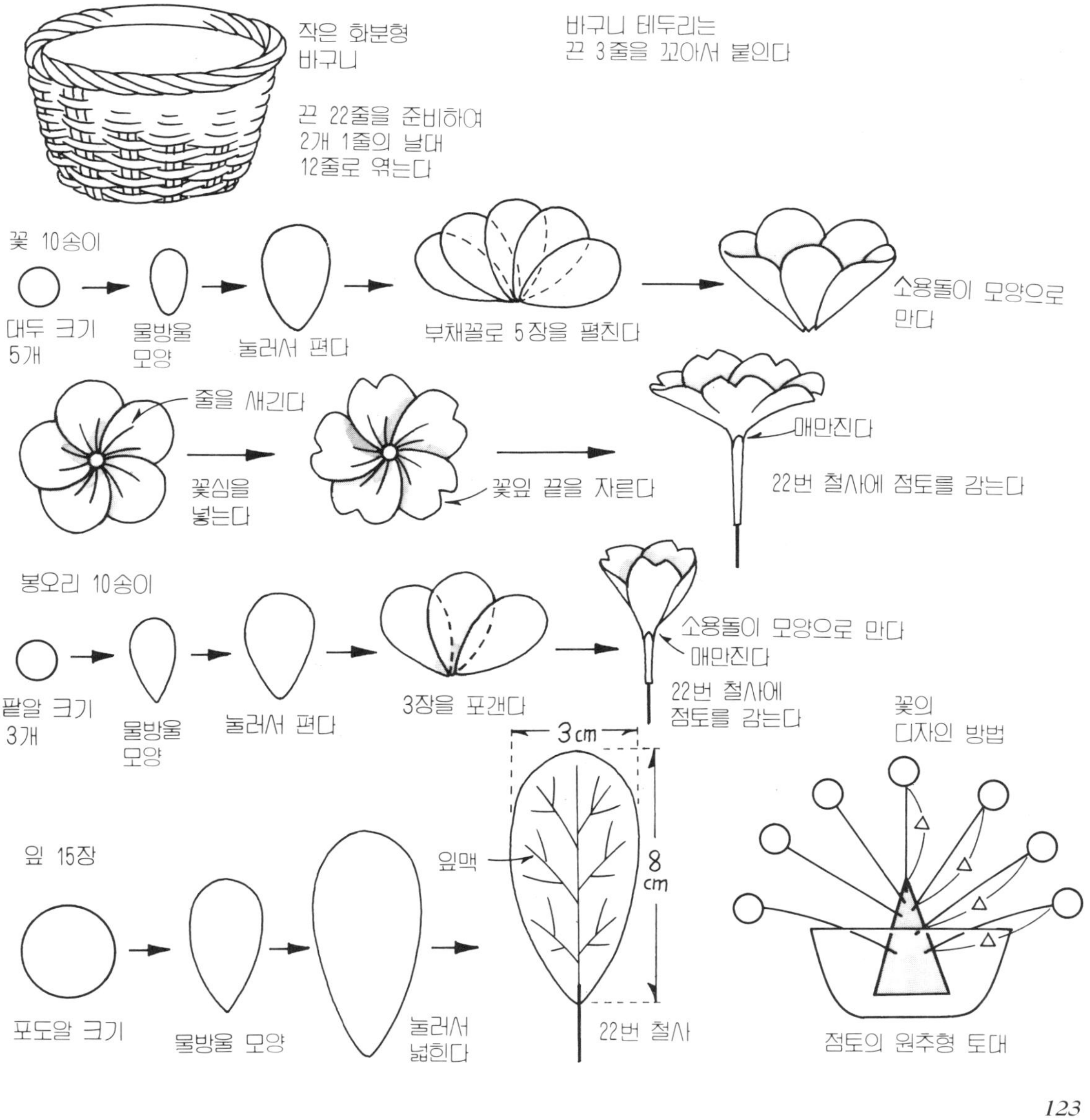

(가로 18cm×높이 12cm)

작은 화분형
바구니

바구니 테두리는
끈 3줄을 꼬아서 붙인다

끈 22줄을 준비하여
2개 1줄의 날대
12줄로 엮는다

꽃 10송이

대두 크기
5개 → 물방울 모양 → 눌러서 편다 → 부채꼴로 5장을 펼친다 → 소용돌이 모양으로 만다

줄을 새긴다

꽃심을 넣는다 → 꽃잎 끝을 자른다 → 매만진다

22번 철사에 점토를 감는다

봉오리 10송이

팥알 크기
3개 → 물방울 모양 → 눌러서 편다 → 3장을 포갠다 → 소용돌이 모양으로 만다
매만진다
22번 철사에 점토를 감는다

3cm
8cm
잎맥
22번 철사

꽃의 디자인 방법

잎 15장

포도알 크기 → 물방울 모양 → 눌러서 넓힌다

점토의 원추형 토대

아네모네 꽃바구니 ── 사진 45p

■ **재료** 점토 880g, 18번 철사, 작은 화분(틀), 비닐, 밀대, 가위.

■ **제작의 포인트** 바구니는 프리뮬러 꽃바구니처럼 작은 화분을 틀로 이용하여 만든다. 날대는 가는 끈, 그리고 씨줄은 약간 눌러서 엮는다. 꽃은 10송이, 잎은 15장을 각각 그림과 같이 만들고, 색을 칠하여 앞과 같은 요령으로 꽃을 꽂고 잎을 사이에 곁들인다.

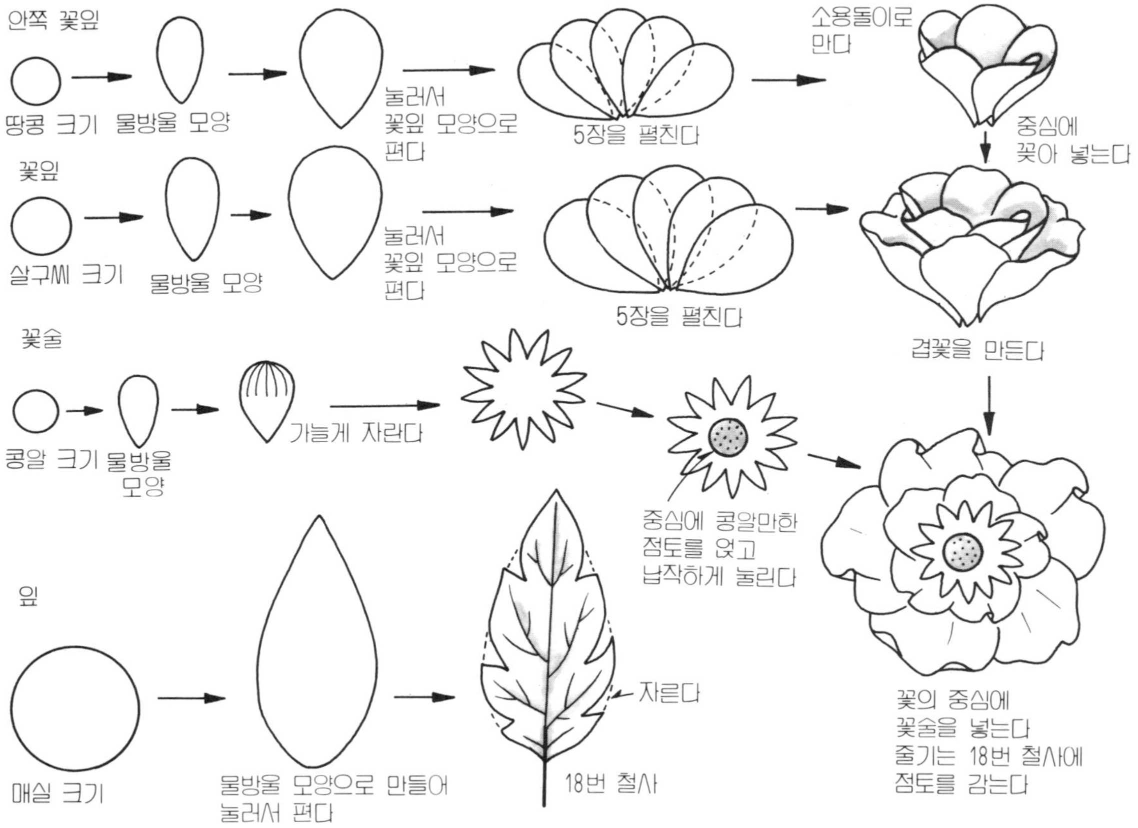

(가로 17cm×높이 15cm)

안쪽 꽃잎

땅콩 크기 → 물방울 모양 → 눌러서 꽃잎 모양으로 편다 → 5장을 펼친다 → 소용돌이로 만다 / 중심에 꽂아 넣는다

꽃잎

살구씨 크기 → 물방울 모양 → 눌러서 꽃잎 모양으로 편다 → 5장을 펼친다 → 겹꽃을 만든다

꽃술

콩알 크기 물방울 모양 → 가늘게 자른다 → 중심에 콩알만한 점토를 얹고 납작하게 눌린다

잎

매실 크기 → 물방울 모양으로 만들어 눌러서 편다 → 자른다 / 18번 철사

꽃의 중심에 꽃술을 넣는다 줄기는 18번 철사에 점토를 감는다

작은 장미꽃병 ── 사진 31p

■ **재료** 점토 350g, 20번 철사, 종이나 플라스틱 컵, 밀대, 가위, 점토칼.

■ **제작의 포인트** 종이 컵에 점토를 씌워서 가는 끈을 교차시킨다. 테두리는 2줄로 꼰 끈을 얹는다. 꽃 20송이, 잎 20장을 94페이지를 참조하여 만들고, 철사 줄기를 5cm 길이로 꽂아서 붙인다. 그릇에 원추형의 점토를 토대로 넣어서 꽃과 잎을 원형으로 디자인한다.

(가로 6cm×높이 10cm)

사진 45p

카네이션

(가로 12cm×높이 19cm)

■ **재료**　점토 1,000g, 18·22번 철사, 작은 상자, 비닐.

■ **제작의 포인트**　점토는 2.5cm 폭의 테이프로 만들어서
41페이지의 바구니를 참조하여 엮는다.　테두리는 2줄로
꼰 끈을 붙이고, 손잡이는 철사를 넣은 1cm 폭의 각목 모
양으로 만들어서 단다. 그 위에 장식 리본을 감고,　다시
가는 끈 2줄로 그 위를 반대 방향으로 감는다. 카네이션의
꽃과 잎, 그리고 작은 꽃은 아래 그림을 참조하여 만든다.
또, 장미 잎을 악센트로 한다. 123페이지의 그림을 참고로
한다.

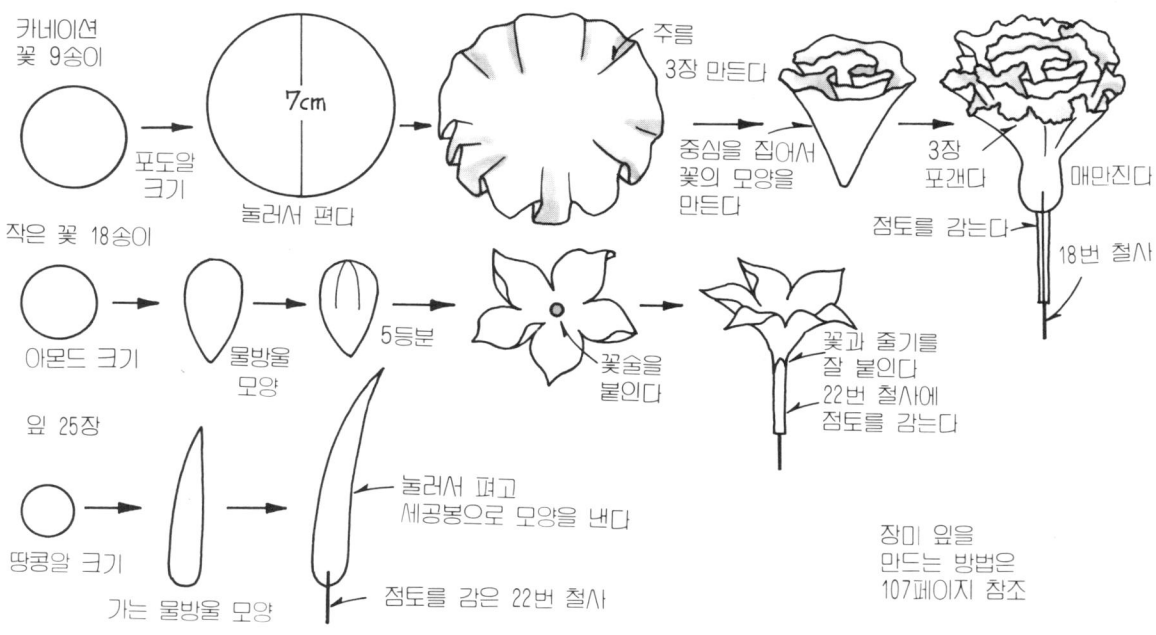

카네이션
꽃 9송이

포도알
크기

7cm

눌러서 편다

주름
3장 만든다

중심을 집어서
꽃의 모양을
만든다

3장
포갠다

매만진다

점토를 감는다

18번 철사

작은 꽃 18송이

아몬드 크기

물방울
모양

5등분

꽃술을
붙인다

꽃과 줄기를
잘 붙인다
22번 철사에
점토를 감는다

잎 25장

땅콩알 크기

가는 물방울 모양

눌러서 펴고
세공봉으로 모양을 낸다

점토를 감은 22번 철사

장미 잎을
만드는 방법은
107페이지 참조

사진 25p

장미 장식 종

■ **재료**　점토 180g, 틀은 작은 술잔을 이용, 비닐, 밀대, 가위.

■ **제작의 포인트**　가는 끈을 그물 모양으로 포갠다. 장미는 3송이씩 장
식한다.

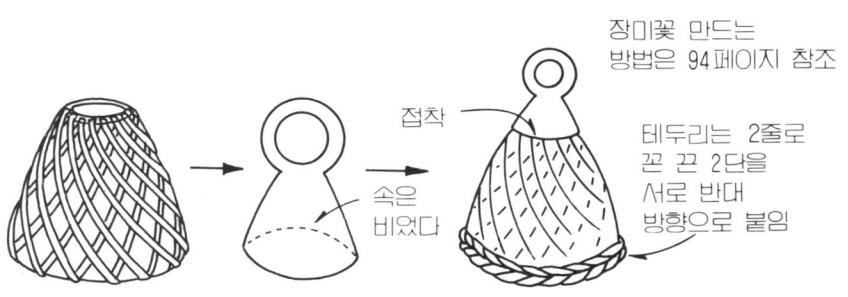

접착

속은
비었다

장미꽃 만드는
방법은 94페이지 참조

테두리는 2줄로
꼰 끈 2단을
서로 반대
방향으로 붙임

(가로 8cm×높이 11cm)

인형 마스코트 —— 사진 31p

(가로 6cm×높이 9cm)

■ **재료** 점토 350g(인형 1개분), 이쑤시개, 밀대, 가위.

■ **제작의 포인트** 점토를 원추형으로 만들어서 인형의 토대로 한다. 스커트는 2장 모두 중심에 구멍을 뚫어서 원추에 씌운다. 채색은 은은하게 한다.

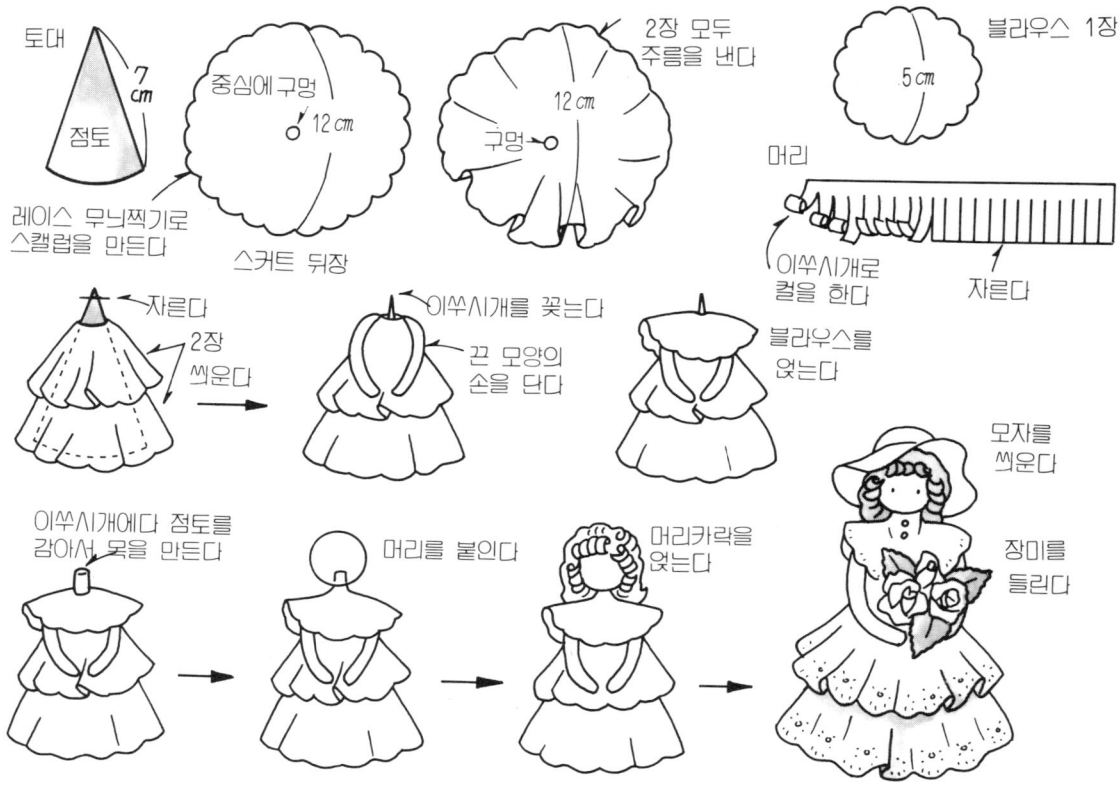

토대

7cm

점토

레이스 무늬찍기로 스캘럽을 만든다

중심에 구멍

12cm

스커트 뒤장

2장 모두 주름을 낸다

12cm

구멍

블라우스 1장

5cm

머리

이쑤시개로 컬을 한다

자른다

자른다

2장 씌운다

이쑤시개를 꽂는다

끈 모양의 손을 단다

블라우스를 얹는다

이쑤시개에다 점토를 감아서 목을 만든다

머리를 붙인다

머리카락을 얹는다

모자를 씌운다

장미를 들린다

PAPER CLAY

꽃바구니 벽걸이

18cm

■ **재료** 점토 700g, 꽃무늬 찍기, 화장지, 비닐, 가위, 밀대, 점토칼.

■ **제작의 포인트** 소박하고 귀여운 표현이다. 꽃을 붙일 때 중심이 높아지도록 외곽의 잎과 꽃부터 장식한다. 그릇은 화장지를 비닐로 싼 다음 점토 밑에 넣어서 부풀게 만든다.

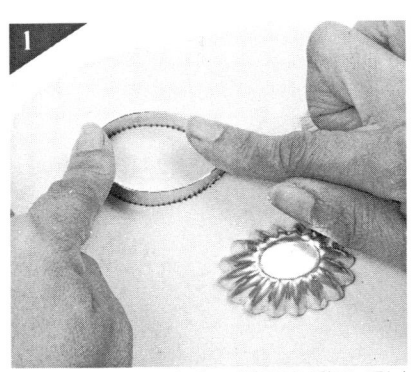

점토의 두께를 0.5㎝ 정도로 펴고 무늬찍기로 찍어서 형태를 만든다.

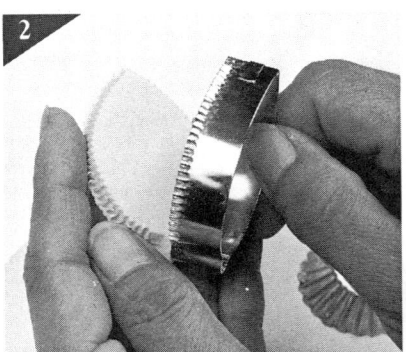

모양이 망가지지 않게 무늬찍기를 빼낸다.

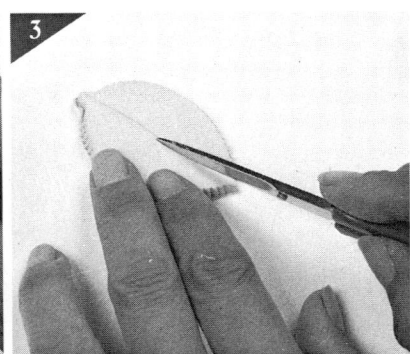

잎에 잎맥을 새긴다.

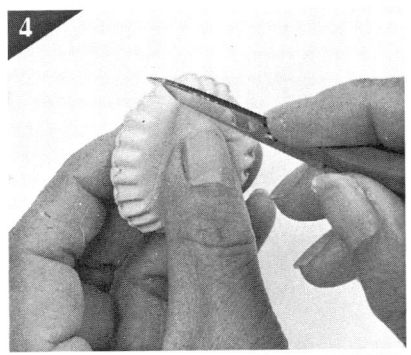

꽃은 꽃잎의 윤곽을 뚜렷하게 손질한다.

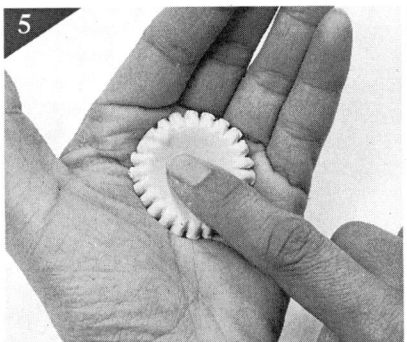

꽃의 중심을 오목하게 만든다.

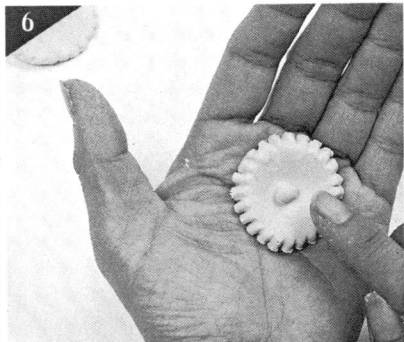

꽃술을 중심에 놓는다.

꽃술의 둘레에 줄을 긋고 꽃술에 구멍을 뚫어서 모양을 낸다.

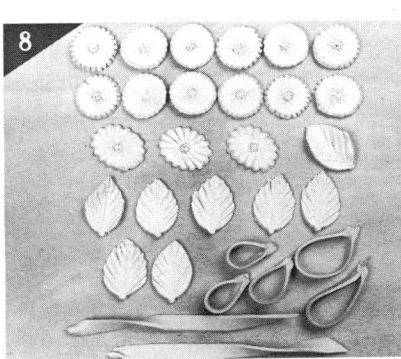

꽃, 잎, 리본의 고리와 끈을 준비한다.

0.3㎝ 두께의 점토를 그릇 형태로 잘라 1㎝ 간격의 줄을 긋는다.

벽돌을 쌓은 것처럼 세로로 줄을 긋는
다.

전체에 줄을 긋는다.

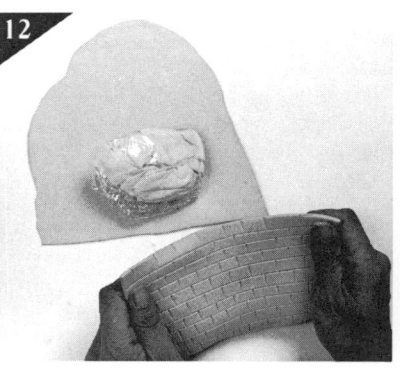

벽걸이의 토대를 만들고 화장지를 비닐
로 싸서 얹어 놓는다.

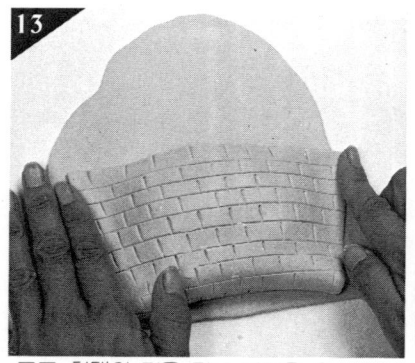

그릇 형태의 것을 덮고 바닥은 2cm 두
께가 되게 모양을 잡는다.

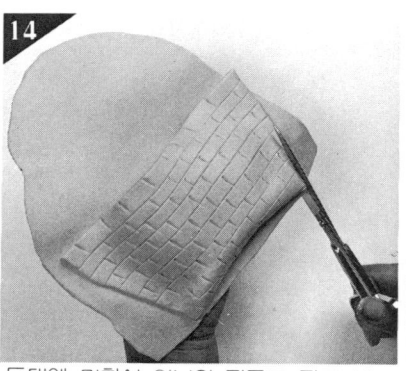

토대에 맞춰서 여분의 점토를 잘라 낸
다.

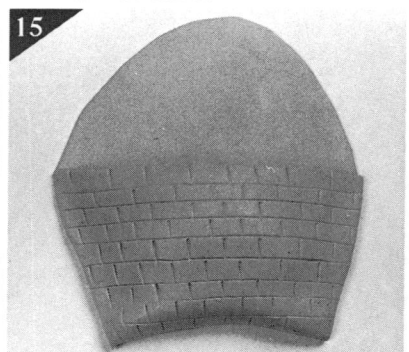

토대의 위쪽을 반원형으로 만든다.

먼저 가장자리에 잎부터 장식한다.

리본을 단다. 철사를 U자형으로 구부려 상단에 꽂는다.
잘 건조시켜서 예쁘게 색칠한다.

꽃을 바깥에서부터 붙인다.

바늘 꽂이

13cm

■ **재료** 점토 180g, 22번 철사, 플라스틱이나 종이컵, 가위, 레이스 무늬찍기, 밀대, 점토칼.

■ **제작의 포인트** 쓰고 버리는 컵을 심으로 넣어서 만든다. 2단 주름은 붙일 첫수의 1.5배 가량의 길이에 주름을 넣어 붙이면 가볍게 보인다. 또 작품의 본체가 꽤 작으므로 손잡이에 장식하는 장미꽃과 잎도 작게 만든다.

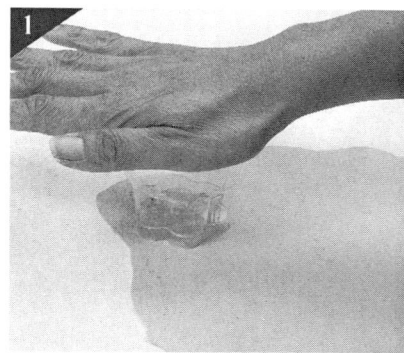

점토를 밀대로 얇게(두께 0.1cm) 펴서 바닥을 1장 뗀다.

옆의 폭과 같은 길이로 자른다.

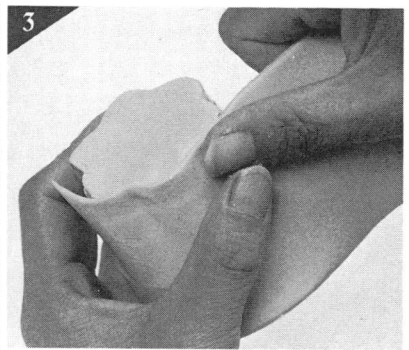

컵의 옆면에 말아붙인다.

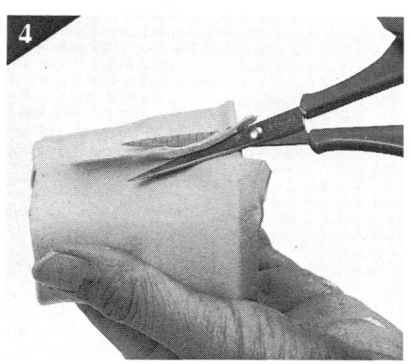

한겹 씌우고 포개진 부분은 잘라 낸다.

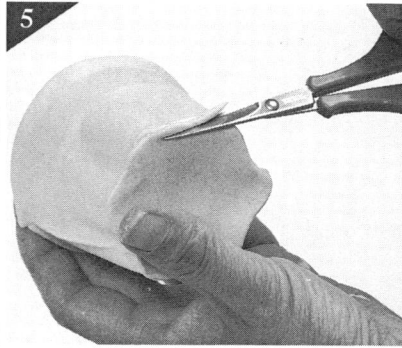

바닥을 붙이고 컵에 맞게 가장자리를 곱게 자른다.

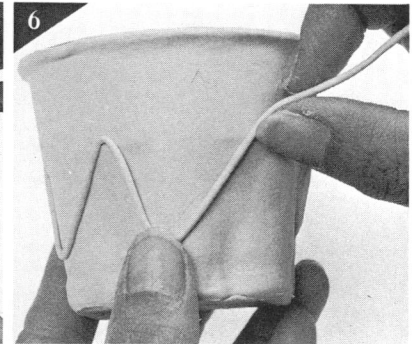

지름 0.2cm의 끈을 V자형으로 옆면에 장식한다.

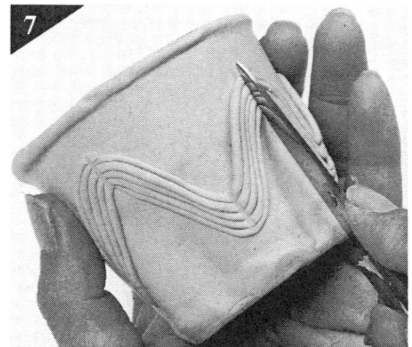

5줄을 나란히 붙이고 구부러진 부분을 가위로 눌러서 줄을 긋는다.

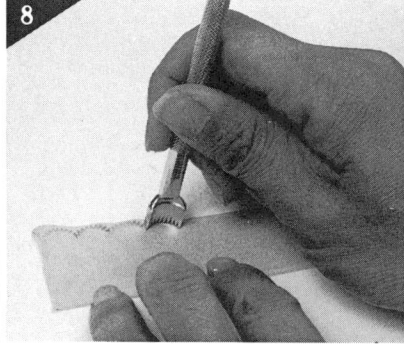

폭 2cm, 길이 40cm의 점토 끝에 펀치로 레이스 무늬를 찍는다.

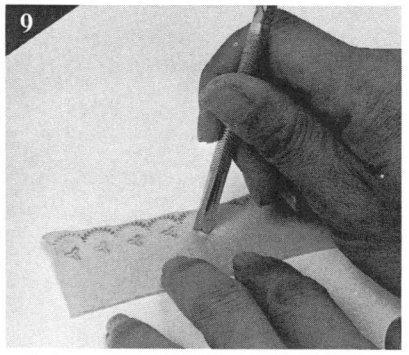

레이스 무늬 안쪽에 꽃모양의 펀치로 무늬를 찍는다.

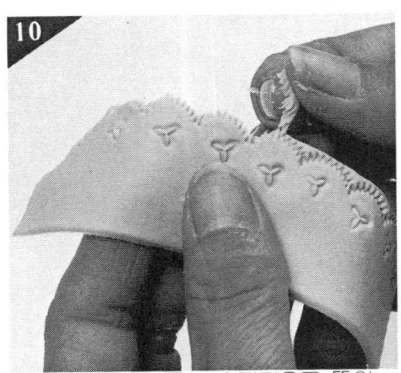

무늬 바깥의 점토를 손가락으로 뜯어
낸다.

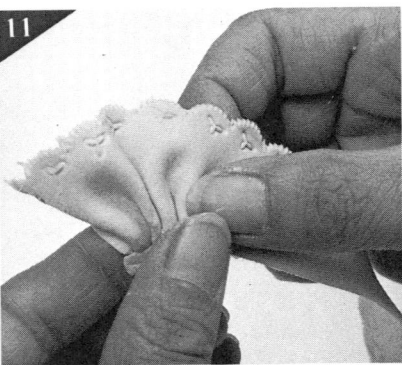

무늬를 찍지 않은 쪽에 주름을 잡는다.

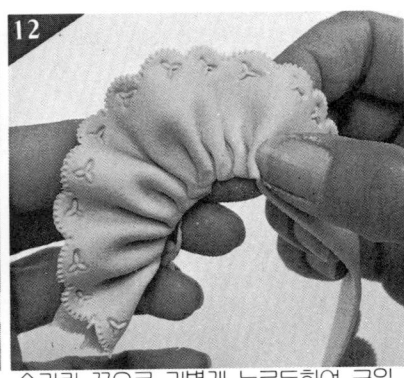

손가락 끝으로 가볍게 누르듯하여 균일
하게 주름을 잡는다.

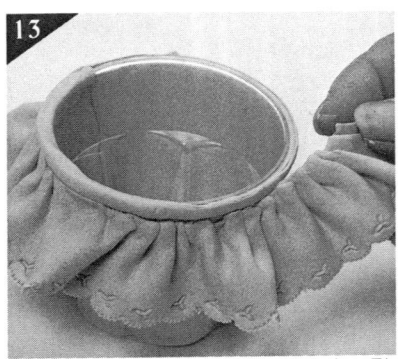

주름 장식을 컵의 가장자리에서 1㎝ 밑
에 눌러 붙인다.

다시 똑같은 주름 장식을 만들어서 가
장자리 위에 붙인다.

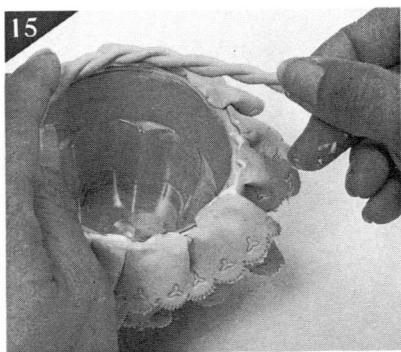

지름 0.3㎝의 끈을 2줄로 꼬아서 컵의
가장자리에 붙인다.

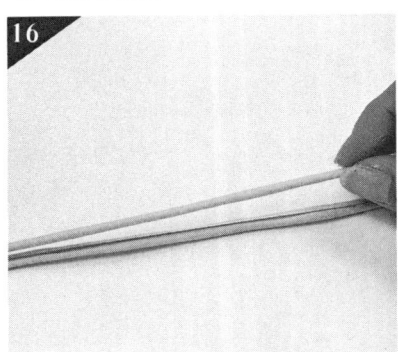

지름 0.3㎝의 끈 2줄에 철사를 끼우고
다시 1줄의 끈을 포갠다.

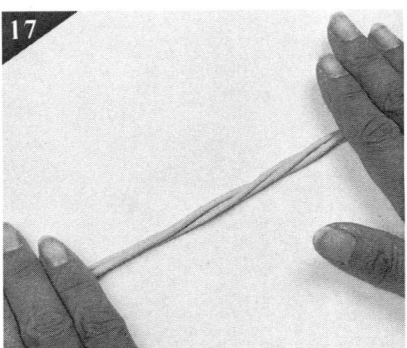

철사를 넣은 3줄의 끈을 꼰다.

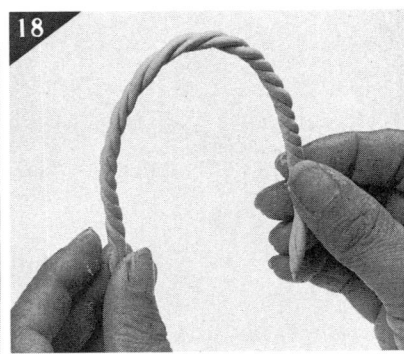

구부려서 손잡이로 쓴다.

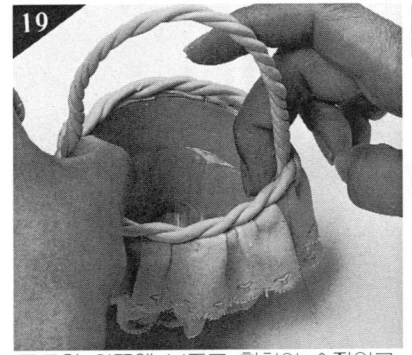

그릇의 안쪽에 본드를 칠하여 손잡이를
단단히 붙인다.

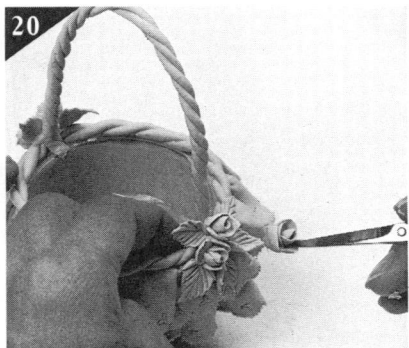

94페이지를 참조하여 장미꽃 3송이, 잎
5장을 만들어서 장식한다.

잘 건조시켜서 채색한다.

편지 꽂이

■ **재료** 점토 1,400g, 목공용 본드, 화장지, 비닐, 점토칼, 가위.

■ **제작의 포인트** 날대는 2줄로 1줄을 만들어 83페이지의 바구니와 같이 엮는다. 심으로 쓰는 끈의 굵기가 다소 달라도 괜찮다. 오히려 소박한

맛이 더하므로 자연스럽게 엮는다.

틀 대신 화장지를 뭉쳐서 넣었다가 바구니가 다 마른 후에 꺼낸다. 벽에 걸어서 화분을 얹거나 편지꽂이로 쓴다.

35cm

26cm

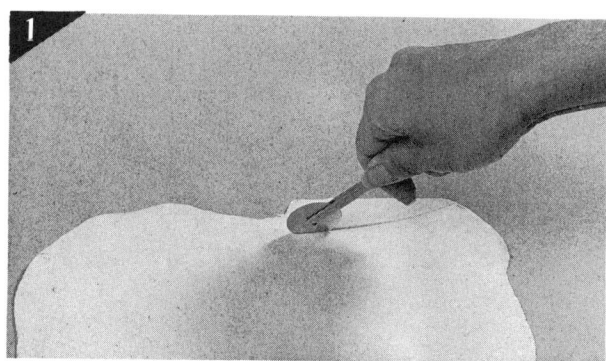

점토를 두께 5㎜, 가로 20㎝, 세로 25㎝ 가량 되게 펴서 위를 완만한 활 모양으로 자른다(토대).

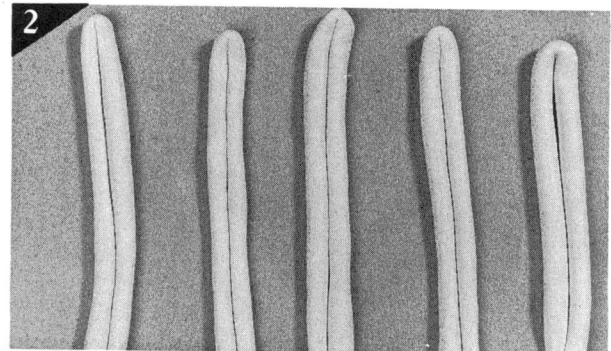

지름 8㎜의 끈을 5줄 만들어, 각각 반으로 접어서 날대로 쓴다.

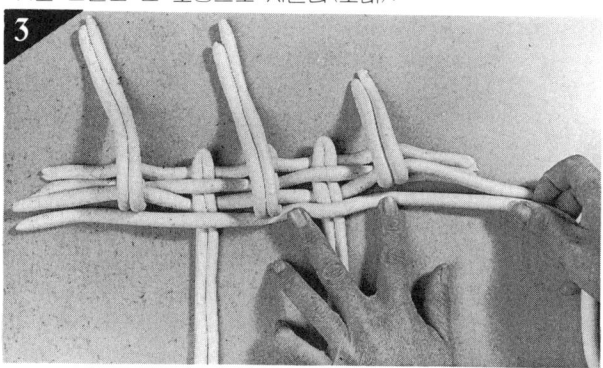

접은 곳을 위로 하여 나란히 놓고 지름 1㎝의 끈을 옆면의 끈으로 하여 날대의 위아래를 누벼 엮는다.

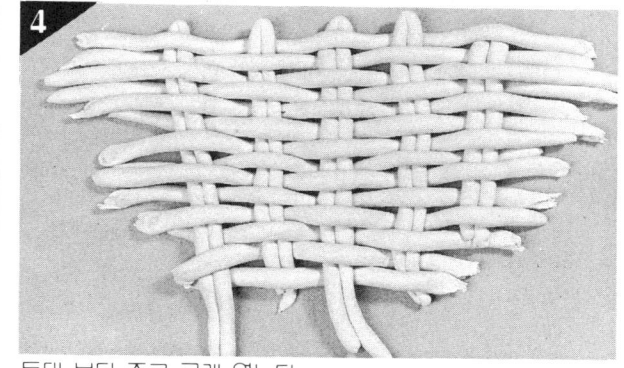

토대 보다 조금 크게 엮는다.

화장지를 10장 정도 뭉쳐서 비닐로 싸고 토대 중앙에 틀 대신 놓는다.

④에서 엮은 것을 토대 위에 올려놓고 모양을 잡은 뒤 토대와 함께 주머니 모양으로 잘라 낸다.

좌우의 곡선이 대칭되도록 자른다.

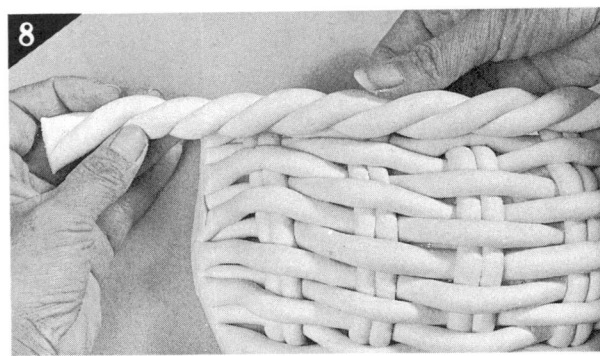

지름 1cm의 끈 2줄을 꼬아서, 테두리로 붙인다.

꼰 끈으로 주머니 둘레를 한바퀴 두른다.

양쪽에 남은 끈을 잘라 버리고 모양을 잡는다.

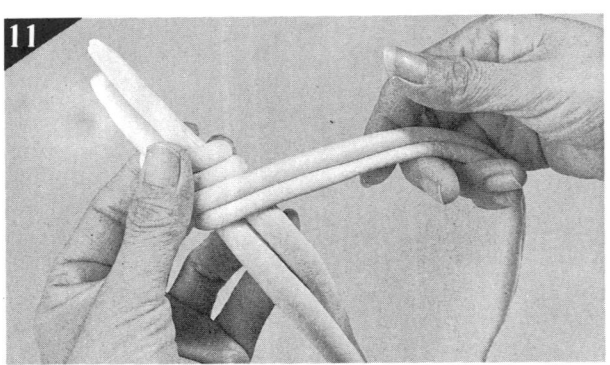

손잡이는 지름 1cm, 길이 40cm의 끈 2줄을 지름 5mm 끈
으로 막감아 만든다.

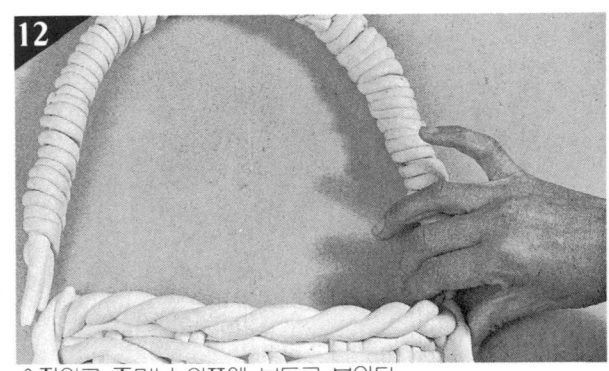

손잡이를 주머니 안쪽에 본드로 붙인다.

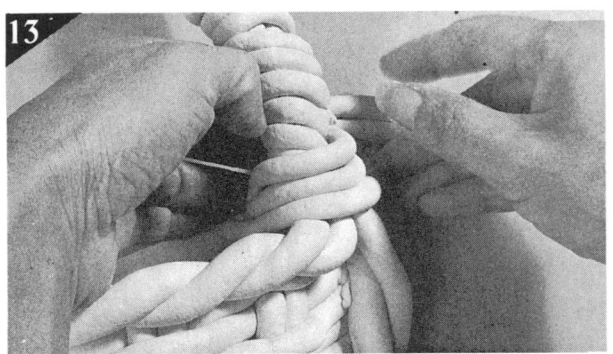

손잡이를 붙인 곳에 가는 끈을 감아서 보강한다.

건조한 다음 화장지를 빼내고 107 페이지를 참조하여 채색
한다.

둥근 바구니

■ **재료** 점토 700g, 틀은 타원의 빈 그릇(15cm×20cm× 5cm), 비닐.

■ **제작의 포인트** 빈 상자를 이용하여 가는 끈으로 65페이지를 참조하여 엮는다. 뚜껑은 본체에 씌울 수 있도록 종이 틀을 만들어서 엮는다. 테두리는 2줄씩 서로 반대 방향으로 꼰 끈을 2줄 겹으로 돌려서 깃털무늬를 낸다. 밑그릇에 고리를 두 군데 달고, 뚜껑에는 가운데에 깃털무늬 끈을 손잡이로 단다. 장미를 장식하고 말린다.

(가로 21cm×높이 6cm)

레이스 장식의 쟁반

■ **재료** 점토 350g, 20번 철사.

■ **제작의 포인트** 천과 같이 둥글게 편 점토 위에 가는 끈을 교차시켜서, 주름을 잡은 테두리 장식을 이중으로 붙인다. 손잡이는 철사를 넣은 끈에 또 한 줄의 끈을 감은 것 2벌을 준비하여 중심을 합치고 양단은 V자형으로 벌려서 쟁반에 단다. 붙인 곳이 가려지도록 2줄로 꼰 끈을 감친다. 나비 묶음의 리본을 여러 개 디자인한다. 도중에 건조시키지 않고 한꺼번에 완성한다.

(가로 19cm×높이 14cm)

육각형 바구니

■ **재료** 점토 1,000g, 18번 철사.

■ **제작의 포인트** 육각형의 과자 상자를 틀로 이용하였다. 바닥에는 얇게 편 점토를 육각의 바닥에 맞추어 얹는다. 옆면은 지름 5mm 정도의 끈을 비스듬히 돌려 틀을 한 바퀴 돌리고, 그 위에 반대 방향으로 끈을 비스듬히(먼저 것과 교차되게) 얹어서 그물 모양으로 만든다. 육각형의 모서리가 뚜렷하게 나타나도록 눌러 준다. 손잡이에는 철사를 넣어 3줄로 꼰 가는 끈 2줄을 겉으로 하고, 속에 납작한 끈을 합해 구부려서 바구니에 붙인다.

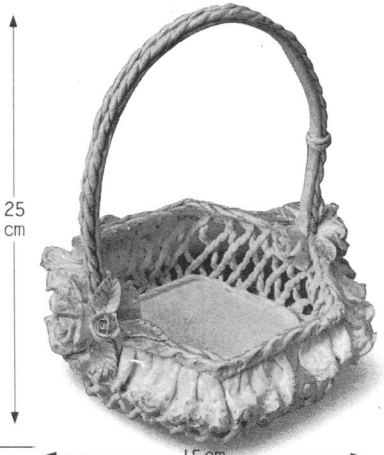

25 cm

15cm

레이스 쟁반

■ **재료** 점토 700g, 18번 철사.

■ **제작의 포인트** 26cm×18cm의 타원형으로 편 점토에 지름 2mm로 늘인 가는 끈을 조밀하게 그물 모양으로 붙인 테두리에 레이스를 주름 잡아 붙인다. 손잡이는 철사를 넣은 끈 2줄을 끝에서 V자로 벌려 단다. 손잡이 단 곳에는 보강을 겸해 리본과 장미꽃을 장식한다. 이 작품은 부드럽게 장식하고 예쁘게 디자인한다. 채색도 부드럽고 예쁜 색으로 완성한다.

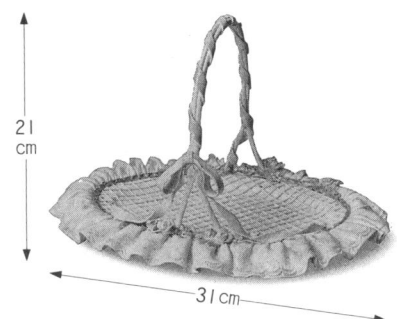

21 cm

31cm

과일 바구니

사진 6p

■ **재료** 점토 3,500g.

■ **제작의 포인트** 틀은 치수대로 두꺼운 종이로 만든다. 바닥에는 점토를 펴서 얹어 놓고, 날대는 둥근 점토를 2 줄 1조씩 홀수가 되게 놓는다. 씨줄은 납작한 점토를 써서 80페이지의 바구니와 같은 요령으로 엮는다. 테두리에는 꼰 끝을 3중으로 붙여서 볼륨을 낸다. 바구니는 흰색, 테 두리에는 그린, 레몬과 사과, 포도 등에는 밝은 색을 칠한 다. 튼튼하고 실용적인 과일 그릇이 된다.

미니 장미의 하얀 바구니

사진 7p

■ **재료** 점토 1,400g, 18번 철사.

■ **제작의 포인트** 흔히 쓰는 세수 대야 등을 틀로 쓴다. 지름 3mm 정도의 가는 점토를 여러 줄 쓰므로 마르기 전에 재빨리 만들어야 한다. 점토에 능숙한 사람에게 권하고 싶은 작품이 다. 엎어 놓은 틀에 사선으로 곡선을 주면서 끈을 조밀하게 얹 는다. 한 바퀴 다 돌리면 반대 방향으로 붙여 그물 모양이 되 게 하고 마지막으로 형태를 정돈한다. 특히 가장자리에 곡선을 자연스럽게 만들어 준다.

우아한 사슬 바구니
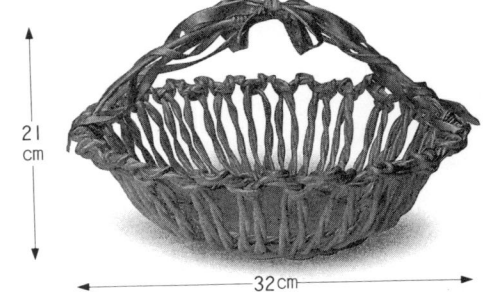

사진 7p

■ **재료** 점토 1,000g, 18번 철사.

■ **제작의 포인트** 세수 대야를 틀로 사용한다. 만드는 방 법은 65페이지의 바구니와 같은 요령이다. 테두리는 바구 니 가장자리의 고리에 끈이 엉긴 것처럼 리듬감 있게 감는 다. 손잡이를 붙인 위치가 불안정하기 때문에 리본을 붙여 서 장식과 보강을 겸한다. 무거운 것을 넣기는 어렵지만 장식품으로 진열하기에 알맞은 우아한 바구니다. 채색은 펄을 섞은 부드러운 색조로 한다.

변형짜기 바구니

사진 8p

■ **재료** 점토 1,000g, 틀은 바닥이 있는 플라스틱 타원형 그릇(25cm×17cm), 비닐.

■ **제작의 포인트** 바닥을 얹고 2줄 1조의 날대를 둘레에 세워서 붙인 다음, 2줄로 꼰 끈을 사선으로 교차시킨다. 건조 후 틀을 빼내고 약간 가는 끈 2줄로 날대와 교차하 고 있는 곳을 2단으로 감는다. 테두리는 6줄의 끈으로 꼬 아서 그 위에 또 1줄의 끈을 반대로 감아 바구니 가장자 리에 얹어 붙인다. 바구니 안의 바닥 둘레에 2줄로 꼰 끈 을 붙인다.

(가로 31cm×높이 13cm)

사진 10p

감색 그릇

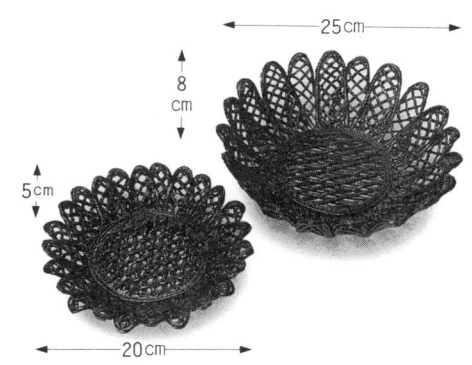

■ **재료** 점토 700g.
■ **제작의 포인트** 해바라기 꽃을 이미지로 하여 만들었다. 틀은 샐러드 그릇을 이용한다. 바닥에는 끈을 그물 모양으로 놓고 원형으로 자른다. 꽃잎은 1장씩 만든다. 먼저 끈으로 꽃잎을 만들고, 그 안에 그물 모양의 끈을 얹어서 꽃잎 둘레를 점토칼로 자른다. 꽃잎은 20장 정도 만들어서 틀에 두 바퀴돌려 붙여서 완성한다. 채색은 진한 감색을 두껍게 칠한다.

사진 10p

손잡이가 있는 바구니

■ **재료** 점토 2,000g, 18번 철사.
■ **제작의 포인트** 세워서 옆면 5cm 정도까지는 83페이지의 바구니와 같은 요령으로 엮는다. 마른 뒤에 틀에서 빼내 테두리에 꼰 끈을 돌려 붙인다. 다음에는 철사를 넣은 끈을 U자형으로 구부려 약 5cm 높이로 조금씩 포개면서 붙인다. 그 위에 꼰 끈으로 테두리를 돌린다. 옆면 테두리의 바깥쪽에는 3줄로 땋은 끈도 붙인다. 은은하게 여러 겹채색한다.

사진 12p

제비꽃 바구니

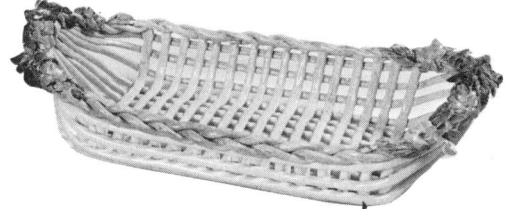

■ **재료** 점토 500g, 틀은 사각형의 유리 그릇, 비닐.
■ **제작의 포인트** 101페이지의 작품과 같은 요령으로 만든다. 가는 끈을 가로 세로로 포개기만 하는 그물 모양의 간단한 작품이다. 포갠 곳이 잘 붙게 끈을 찌그러지지 않을 정도로 잘 눌러서 모양을 만든다. 양쪽 옆구리는 3줄 땋기를 하지 않고, 끝을 모아서 3줄로 땋은 테두리를 얹는다. 제비꽃을 장식한다.

(가로 30cm×높이 8cm)

사진 12p

우아한 바구니

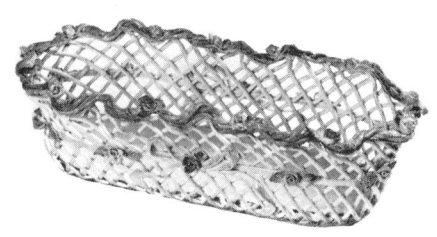

■ **재료** 점토 700g, 틀은 타원형의 상자(25cm×10cm×10cm), 비닐.
■ **제작의 포인트** 엷게 편 점토를 바닥 보다 약간 작게 잘라서 얹고, 옆면은 가는 끈을 사선으로 교차시킨다. 완성된 가장자리 부분에 화장지를 뭉쳐서 끼워 놓는 등 주름을 만들어서 건조시킨다. 주름을 따라서 2줄로 꼰 끈으로 테두리를 붙인다. 옆면의 중간에 리본 1줄을 붙이고 장미를 장식한다.

(가로 32cm×높이 11cm)

타원형 바구니

사진 13p

■ **재료** 점토 500g, 틀은 타원형 빈 통(20cm×7cm), 비닐.
■ **제작의 포인트** 바닥에 편 점토를 얹고 지름 0.2cm 정도의 끈을 1cm 간격으로 비스듬히 서로 엇갈리게 늘어뜨리듯 붙인다. 테두리는 2줄로 꼰 끈을 돌려 붙인 다음, 반대로 꼰 끈한 줄을 나란히 더 붙여서 깃털무늬가 나타나게 한다. 바닥 둘레에는 3줄로 꼰 끈을 돌려 붙인다. 옆면의 중앙에 장미를 장식하고 덩굴과 잎으로 생동감을 낸다.

(가로 22cm×높이 6cm)

장미 장식 쟁반

사진 13p

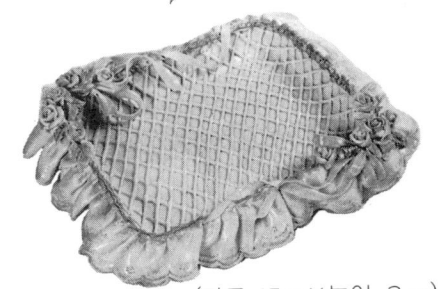

■ **재료** 점토 350g, 스티로폴 접시(17cm×7cm).
■ **제작의 포인트** 점토를 얇게 펴서 스티로폴 접시를 끼워서 붙인다. 윗면에 가는 끈을 교차시킨다. 또 가장자리에 주름 잡은 레이스를 붙인다. 레이스를 붙인 곳에 끈을 1줄 돌려 붙이고, 펀치로 무늬를 찍어서 누른다. 2군데의 귀에 장미와 리본으로 장식한다. 도중에 건조시키지 않고 단번에 완성할 수가 있다.

(가로 17cm×높이 3cm)

로우프 박스

사진 13p

■ **재료** 점토 350g, 틀은 뚜껑이 있는 빈 상자(12cm×12cm×10cm), 비닐.
■ **제작의 포인트** 빈 상자에 비닐을 씌우고 바닥을 井자 변형으로 짠다. 측면은 날대 2줄씩을 건너 간격이 넓게 하고, 가운데서부터 사선으로 교차시킨다. 뚜껑도 똑같이 井자 변형으로 간격을 떼어서 짠다. 테두리는 U자로 감는다. 뚜껑 위에는 작은 꽃을 장식하여 더욱 예쁘게 보이도록 한다.

(가로 13cm×높이 9cm)

냅킨 고리와 소품 그릇

사진 13, 14p

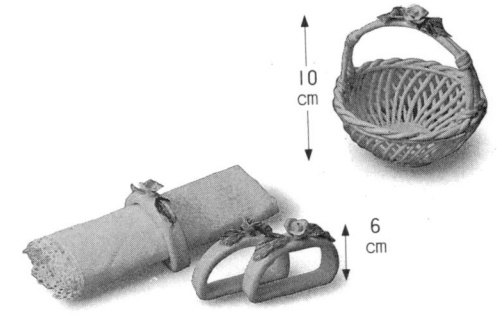

■ **재료** 점토는 냅킨 고리는 소량, 소품 그릇은 350g, 18번 철사.
■ **제작의 포인트** 냅킨 고리는 점토를 지름 1cm 정도로 늘이고 가볍게 눌러서 15cm 길이로 자른다. 이것을 중간 높이가 약 6cm 되도록 D자형으로 만들고, 이음매는 흔적 없이 물을 묻혀 매만진다. 위에 작은 장미꽃과 잎을 붙인다. 그리고 소품 그릇은 원형 유리 그릇 등을 틀로 써서 77페이지의 그릇과 76페이지의 손잡이를 참조하여 만든다.

10 cm

6 cm

스탠드와 소품 그릇

사진 14p

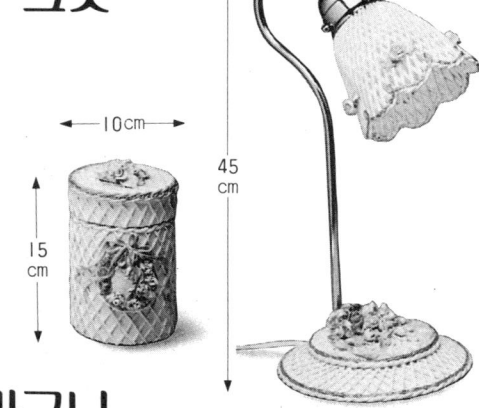

■ **재료**　점토는 전기 스탠드 1,000g, 소품통 350g.
■ **제작의 포인트**　스탠드 갓의 틀은 작은 화분이다. 틀 둘레
에 가는 끈을 사선으로 한 바퀴 돌린다. 다시 반대쪽 사선으로
한 바퀴 돌리면 그물 모양이 된다. 테두리는 부채꼴이나 물결
모양으로 자르고 1줄로 눌러 붙인다. 토대에도 점토를 얇게 펴
고, 그 위에 갓 만들 때처럼 가는 끈을 얹고 부케처럼 작은 장
미와 리본으로 장식한다. 소품통은 녹차통을 틀로 해서 토대
와 같은 요령으로 만든다.

미니 장미 꽃바구니

사진 15p

■ **재료**　점토 약간, 22번 철사.
■ **제작의 포인트**　틀을 비닐로 싸고 바닥을 얹는다. 납작한 점토로
날대를 몇 줄 놓고, 꼰 씨줄로 빈틈 없이 감는다.(46페이지 참조).
날대는 접착제 역할을 하기 위한 것이므로 줄수에 상관없다. 건조하
면 틀을 빼내고 테두리를 붙인다. 장미꽃 25송이, 잎 20장은 철사를
꽂아서 만든다. 완성된 바구니에 점토를 채우고 꽃과 잎을 둥근 모양
이 되도록 가득 꽂는다. 작은 장미 바구니는 필름통을 틀로 이용하였
다.

팔각 상자

사진 16p

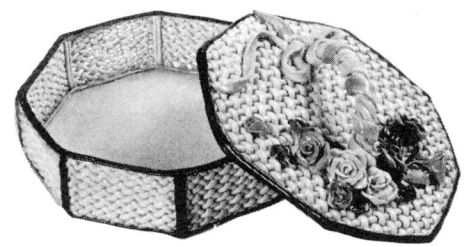

■ **재료**　점토 5,250g, 틀은 플라스틱 물통, 비닐.
■ **제작의 포인트**　아무것도 넣지 않은 그릇만으로도 좋은
분위기를 연출하는 작품이다. 날대는 2줄 1조로 약간 비
스듬하게 세우고 납작한 끈으로 엮는다. 날대 사이의 씨줄
을 눌러서 상하로 붙인다. 건조 후 테두리 둘레와 안쪽을
깨끗하게 손질한다. 옆에 장식하는 꽃은 부케로 모양을 만
들고 리본 끝을 밑에 늘여 붙인다.

(가로 26cm×높이 8cm)

와인 바구니와 쟁반

사진 18, 19p

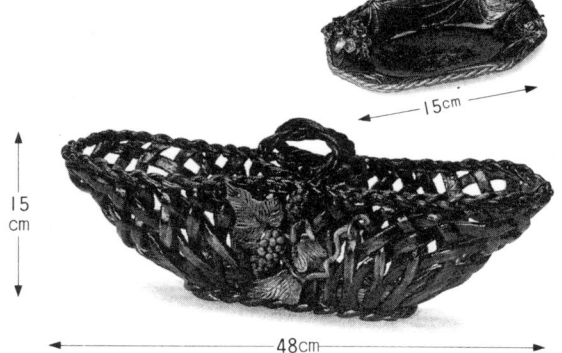

■ **재료**　점토는 와인 래크가 2,800g, 쟁반이 175g,
18번 철사.
■ **제작의 포인트**　와인 2병이 비스듬히 들어갈 정
도의 틀을 골판지로 만든다. 끈을 1줄씩 교차시켜
사선 그물 모양으로 엮고, 완전히 건조하기 전에 틀
에서 빼내 중앙을 약간 누른다. 와인 글라스가 들어
갈 만큼의 고리를 손잡이로 단다. 접시를 틀로하여
쟁반도 만든다.

테이블과 의자 세트

사진 22, 23p

■ **재료** 점토 350g, 스티로폴.
■ **제작의 포인트** 테이블과 의자의 토대로 스티로폴을 잘라 쓴다. 테이블은 점토를 얇게 펴서 토대에 씌워 테이블보를 만들고, 가는 붓으로 무늬를 그린다. 의자는 테이블의 베이지색에 맞추어 그림으로 처리해 본다. 방석(쿠션)은 속에 화장지를 넣어서 부풀게 한다. 테이블 위에는 만든 꽃이나 요리를 놓는다.

17 cm

사탕 그릇

사진 25p

■ **재료** 점토 350g, 틀은 같은 모양의 그릇 2개, 비닐.
■ **제작의 포인트** 2개의 똑같은 그릇으로 뚜껑과 그릇을 만든다. 상·하 모두 가는 끈을 똑같이 교차시키지만, 뚜껑 쪽은 1cm 정도 짧게 잘라서 건조시킨다.

테두리는 2줄로 꼰 끈을 붙인다. 뚜껑의 테두리에는 그릇이 덮어지도록 레이스를 주름 잡아서 붙이고, 위를 향해서 똑같이 1장 더 붙인다. 상·하 레이스의 이음매는 잘 매만져 준다. 뚜껑 꼭지 둘레에 잎을 배치하고 작은 장미를 가운데에 단다.

(가로 11cm×높이 13cm)

휴지 케이스

사진 24p

■ **재료** 점토 1,000g, 틀은 휴지 케이스와 그 위에 덮을 두꺼운 종이, 비닐.
■ **제작의 포인트** 여유있게 만들기 위하여 휴지 케이스 위에 두꺼운 종이를 씌워서 틀로 쓴다. 지름 0.5cm 정도의 끈을 비스듬히 붙이고, 같은 수의 끈을 교차시킨다. 윗면의 둘레는 2줄의 끈을 두르고 옆면은 사선의 상·하로 엮어 2중 빗살무늬가 되게 한다. 가장자리와 종이를 뽑는 입구에 2줄로 꼰 끈을 돌려 붙이고 장미를 장식한다.

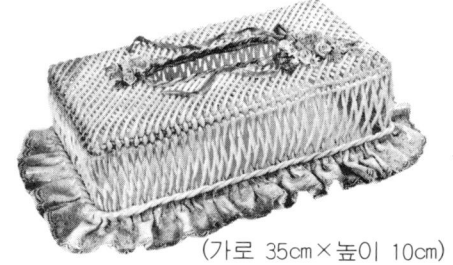

(가로 35cm×높이 10cm)

체리 바구니

사진 26p

■ **재료** 점토 1,400g, 18번 철사, 틀은 타원형 그릇(25cm×18cm ×15cm), 두꺼운 종이로 틀을 만들어도 좋음. 비닐.
■ **제작의 포인트** 폭 2cm의 점토 끈을 바닥 면에 사선으로 2～3cm 간격을 유지하면서 놓는다. 다음에는 반대 방향으로 서로 엇갈리게 엮는다. 테두리는 3줄로 땋아서 붙인다. 손잡이는 2줄씩의 끈을 서로 반대 방향으로 2개 꼬아서 깃털무늬가 나타나게 붙인다. 앵두 열매와 잎을 귀엽게 배치하여 붙인다. 마지막으로 채색을 겹으로 하여 짙은 색이 되게 한다.

(가로 29cm×높이 28cm)

사진 27p

빨간 바구니

■ **재료** 점토 1,400g, 틀은 바가지형의 그릇(지름 30cm), 비닐.

■ **제작의 포인트** 굵고 납작한 끈으로 엮어서 동그랗게 자른 바닥에 2줄로 꼰 끈을 사선으로 교차시켜서 바구니를 만든다. 손잡이를 두 군데에 단단히 붙이고 꽃잎 5장의 큰 꽃을 안쪽에다 장식하여 리본의 끈으로 율동감을 준다. 채색은 바구니의 빨강과 같이 꽃도 빨강으로 칠하여 일체감을 준다. 농담의 악센트가 포인트이다.

(가로 33cm×높이 17cm)

사진 28p

레이스 바구니

■ **재료** 점토 3,500g, 틀은 상자 큰 것(50cm×38cm), 비닐.

■ **제작의 포인트** 바닥은 두께 0.3cm 정도로 펴고, 옆면은 2줄 1조씩의 날대에 납작한 끈의 씨줄로 5단쯤 막엮기 한다. 레이스는 7~8cm 폭으로 주름을 잡으면서 가장자리에 붙인다. 손잡이는 가운데서부터 8줄 땋기를 하다 도중에서 둘로 나누어 4줄 땋기 한다. 끈이 늘어지지 않도록 주의한다. 다시 손잡이의 가장자리에 3줄로 땋은 끈을 붙인다.

(가로 57cm×높이 27cm)

사진 32p

동화의 세계

A

(가로 47cm×높이 13cm)

■ **재료** A＝점토 2,500g, 틀은 사각형의 상자(17cm×45cm×13cm). B＝점토 5,500g, 틀은 플라스틱 그릇(지름 50cm), 비닐.

■ **제작의 포인트** 큰 점토를 1cm 정도의 두께로 펴고, 몇장을 이어 틀에 붙여서 토대를 만든다. 부드러운 점토로 숲의 분위기를 표현한다. 따로 집을 만들어 숲속에 넣는다.

B

(가로 46cm×높이 10cm)

사진 33p

손잡이가 있는 물병

■ **재료** 점토 2,800g, 틀은 2개를 합하여 주전자형이 될 만한 화분 모양의 그릇.

■ **제작의 포인트** 점토를 천과 같이 펴서 틀에 맞춰 본체의 상하를 만들고 창 부분을 잘라 낸다. 2개를 맞붙이고 묽은 점토를 이어서 물주전자 모양이 되게 입 부분을 만든다. 창에는 끈을 교차시켜서 붙인다. 바닥의 받침 부분은 따로 만들어서 본체를 올려놓는다. 손잡이를 붙이고 장미를 장식한다. 채색으로 분위기가 바뀌므로 색 선택에 주의한다.

(가로 22cm×높이 30cm)

꽃수레 화분 커버

사진 34p

■ **재료** 점토 2,800g, 18번 철사, 플라스틱 판(15cm× 15cm), 작은 화분(지름 15cm× 높이 15cm).

■ **제작의 포인트** 바구니를 올려놓을 수레의 뼈대를 18번 철사로 만들어서 플라스틱 판을 붙인다. 얇게 편 점토로 판을 씌운다. 손잡이와 다리에 끈을 감는다. 바퀴를 끈으로 꽃처럼 만든다. 손잡이에 덩굴장미를 감고 바구니에도 장미를 장식한다.

(가로 25cm×높이 34cm)

장미 바구니

사진 35p

■ **재료** 점토 1,400g, 18번 철사, 틀은 플라스틱타원형 그릇(30cm×20cm×13cm).

■ **제작의 포인트** 실용성과 인테리어를 겸하여 예쁜 장미를 듬뿍 장식해 본다. 장미의 디자인은 바구니의 모양에 따라, 10송이 정도를 건조하기 전에 V자형으로 바구니 양쪽에 똑같이 장식한다. 채색도 전체적으로 파스텔 컬러로 완성한다. 아무것도 담지 않은 바구니만으로도 아름다운 분위기를 연출할 수 있다.

(가로 33cm×높이 25cm)

부케 벽걸이

사진 36p

■ **재료** 점토 700g, 쿠킹용 무늬찍기.

■ **제작의 포인트** 127페이지의 벽걸이와 같은 요령이다. 쿠킹용 무늬찍기로 꽃과 잎을 찍어서 만들고, 꽃은 꽃술을 붙여서 모양을 낸다. 잎은 잎맥을 새긴다. 꽃 12송이, 잎 6~7장, 줄기 10줄 정도를 마련한다. 삼각형의 토대를 만들어서 가장 아래쪽의 꽃과 잎으로부터 디자인하여 줄기를 밑에 붙인다. 리본으로 묶은 것처럼 테이프 모양의 점토로 고리와 끈을 만들어 마무리한다. 가족들이 즐겁게 모여서 만들 수 있는 간단한 벽걸이다.

(가로 16cm×높이 22cm)

유선형 바구니

사진 36p

■ **재료** 점토 700g, 18번 철사, 틀은 유선형의 그릇(25cm× 15cm), 비닐.

■ **제작의 포인트** 구상하고 있는 모양의 틀이 없을 때는, 타원이나 둥근 틀로 엮어서 건조하기 전에 틀을 빼내고, 원하는 모양으로 변형시킨 다음, 모양이 망가지지 않게 완전 건조시킨다. 손잡이도 본체와 균형이 맞게 변형으로 만든다. 끈은 일정한 굵기로 만들어 엮으면 단정한 작품이 된다. 색은 파스텔조의 농담으로 칠한다.

(가로 31cm×높이 20cm)

리본을 묶은 바구니

■ **재료** 점토 1,000g, 틀을 약간 둥글게 생긴 사각형 그릇(25cm ×15cm×13cm), 비닐.

■ **제작의 포인트** 바구니의 옆면은 지름 0.3cm 정도의 끈을 사선 이 되게 교차하여 엮는다(빗살무늬). 테두리는 바구니의 섬세함을 잃지 않게 2줄로 꼰 가는 끈을 몇 줄 합쳐서 굵게 만든다. 손잡 이 양쪽은 약간 굵은 끈에 가는 끈을 감고, 가운데는 2줄로 꼰 끈 을 5줄 합쳐 중심을 묶듯이 리본의 고리를 여러개 장식한다.

(가로 25cm×높이 21cm)

주름 장식 벽걸이

■ **재료** 점토 700g, 틀을 만들 종이 부대, 비닐.

■ **제작의 포인트** 질긴 종이 부대에 아무것이나 채워 넣어서 부풀 게 하여 틀로 이용한다. 날대는 끈 4줄을 나란히 합쳐서 세운다. 씨줄도 약간 가는 끈 4줄을 합쳐서 엮는다. 테두리에 주름 잡은 레이스 장식의 깃을 단다. 걸이는 3줄로 꼰 끈으로 만든 고리를 굵은 끈 4줄을 나란히 합친 기둥에 걸어서 본체의 뒤에 붙인다. 앵두 열매를 붙여서 재미있게 만든다.

(가로 19cm×높이 28cm)

사각 접시

■ **재료** 점토 350g, 틀로는 접시를 이용, 비닐.

■ **제작의 포인트** 끈을 우물 정(井)자로 사방짜기를 한다. 지름 0.2cm 정도의 가는 끈을 써야 하기 때문에, 끈 만들 기가 익숙해진 다음에 만드는 것이 좋다. 반쯤 건조하면 모양을 잡아 주고, 2줄로 꼰 끈을 테두리에 붙인다. 또 1 줄을 반대로 꼬아 붙여서 깃털무늬를 낸다. 작은 꽃과 리 본으로 모서리를 장식한다.

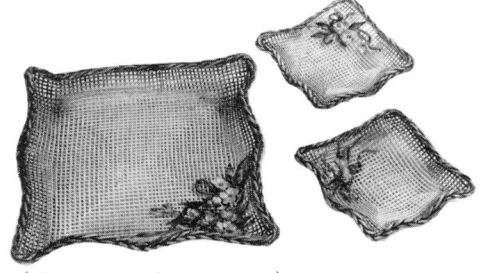

(가로 27cm×높이 4.5cm)

반짇고리

■ **재료** 점토 2,800g, 틀은 빈 상자(25cm×20cm×8cm).

■ **제작의 포인트** 모양이 좋은 상자를 이용하여 얇게 편 점토를 바르고, 그 위에 2줄로 꼰 끈을 감아 붙인다. 상면 의 양쪽은 미닫이 아엮기로 덮고 테두리는 4줄로 땋는다. 뚜껑은 미닫이가 되도록 만든다. 가운데에 손잡이를 달고 작은 꽃을 장식한다. 2줄로 꼰 끈을 간격 없이 붙이면서 직선이 되도록 한다.

(가로 25cm×높이 19cm)

우산 꽂이 —사진 40p

■ **재료** 점토 1,400g, 휴지통.
■ **제작의 포인트** 휴지통에 점토를 발라서 입체적으로 만든다. 발라 붙인 점토는 손가락으로 울퉁불퉁하게 만들어 변화 있게 한다. 입체화의 꽃은 해바라기, 스토크, 포도 등으로 몸통의 점토가 채 마르기 전에 붙인다. 꽃잎은 떨어질 염려가 없게, 너무 튀어나오지 않도록 붙인다. 테두리에는 꼰 끈을 돌린다. 채색은 흰색을 바탕으로 엷게 칠하지만 강한 색으로 닦아 내면 또 다른 느낌을 줄 것이다.

41 cm

22cm

장미 장식 화분 받침 —사진 42p

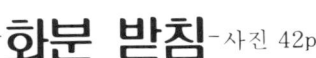

■ **재료** 점토 2,100g.
■ **제작의 포인트** 이 화분 커버는 직선과 곡선을 조화시켜 생동감과 온화한 분위기를 동시에 나타낸다. 위 지름 20cm, 지름 16cm, 높이 18cm의 틀을 준비한다. 끈의 지름은 5mm로, 틀 높이의 2배에 10cm를 더한 치수만큼 33줄 만든다. 틀 위에 끈을 세로로 1줄씩 붙이고, 위에서 구부려 곡선을 이루면서 바닥으로 되돌아와 그물 모양으로 만든다. 바닥 둘레에는 굽을 붙여 말린다. 옆면에 장미꽃 2송이, 봉오리 4송이, 잎 8장을 붙인다.

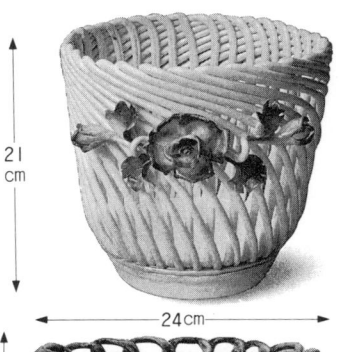

21 cm

24cm

화분 받침 —사진 42p

■ **재료** 점토 4,200g.
■ **제작의 포인트** 키가 큰 화분 받침은 중량감이 있다. 다리 부분의 지름과 높이, 바구니의 크기를 조화 있게 만드는 것이 중요하다. 다리 부분은 두꺼운 종이나 빈 깡통을 토대로 점토를 감아 붙인다. 다리와 바구니는 따로 만들어서 각각 건조시킨 다음 본드로 단단히 붙인다. 적갈색으로 착색하고 장미로 장식을 한다. 그리고 부분적으로 닦아 내는 방법으로 악센트를 준다.

39 cm

잡지 꽂이 —사진 43p

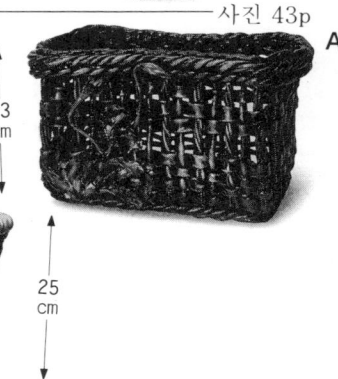

A

■ **A재료** 점토 3,500g.
■ **제작의 포인트** 틀로 이용했던 큰 상자를 빼낸 후 약간 변형시켜 만든다. 볼륨이 느껴지도록 테두리에 3줄로 꼰 끈을 3중으로 붙인다.
■ **B재료** 점토 5,250g.
■ **제작의 포인트** 틀은 A와 같다. 꽃잎은 본체가 마르기 전에 1장씩 붙여서 자유롭게 표현한다. 바닥에도 테두리를 붙여서 안정감을 준다.

B

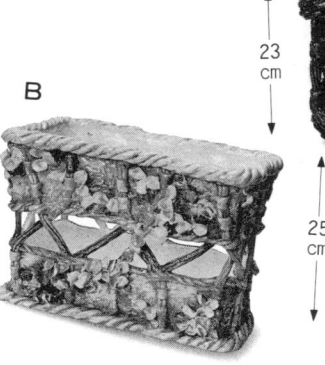

23 cm

25 cm

크고 하얀 바구니

■ **재료** 점토 7,000g, 18번 철사, 틀은 플라스틱 물통, 비닐.
■ **제작의 포인트** 날대는 2줄 1조씩으로 세워 붙여서 납작한 끈을 씨줄로 돌려 엮는다. 날대 사이의 씨줄은 손가락 끝으로 으깬다. 테두리의 3줄로 꼰 끈도 으깨서 붙인다. 손잡이는 철사를 넣어 2줄의 끈으로 꼬아서 붙이고, 부족한 곳은 점토를 감아서붙인다. 측면에 장식한 과일 등은 구형이 아니다. 반구형으로 붙여서 입체감을 내고 무게를 줄인다.

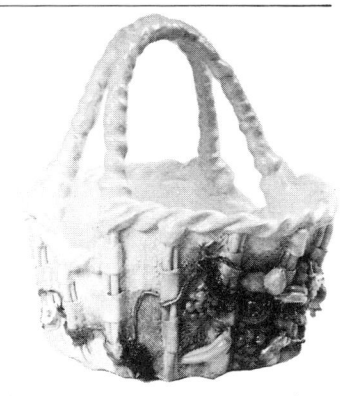

(가로 42cm×높이 43cm)

부케 장식의 화분 받침

■ **재료** 점토 1,050g, 틀은 두꺼운 종이 등으로 만든다(직경 25cm의 팔각형으로 측면의 높이는 5cm).
■ **제작의 포인트** 바닥은 점토를 펴서 틀의 크기로 자른다. 옆면은 크게 평면으로 막엮기를 하고, 한면씩 비스듬히 잘라 8장을 끈으로 이어 붙인다. 뚜껑도 평면으로 엮은 것을 잘라서 테두리를 붙인다. 손잡이를 달고 리본을 감아 장미를 화려하게 장식한다.

(가로 34cm×높이 25cm)

지점토 공예

발행일 2016년 3월 10일

펴낸이 • 김철영
펴낸곳 • 전원문화사
　　　　서울시 강서구 등촌3동 684-1
　　　　에이스 테크노타워 203호
　　　　T. 6735-2100 / F. 6735-2103
등록 • 1977. 5. 23. 제 6-23호
Copyright ⓒ 1991 by Jeon-won Publishing co.

파본은 교환해 드립니다.

정가 • 13,000원